生活轻哲学书系

阿兰·德波顿 主编

THE SCHOOL OF LIFE

HOW TO THINK MORE ABOUT SEX

在爱情与欲望之间

〔英〕阿兰·德波顿 著 李海霞 译

人民文学出版社
PEOPLE'S LITERATURE PUBLISHING HOUSE

著作权合同登记号　图字 01-2016-2901

图书在版编目(CIP)数据

在爱情与欲望之间/(英)阿兰·德波顿著；李海霞译. —北京：人民文学出版社，2016
（“生活轻哲学”书系）
ISBN 978-7-02-011742-0

Ⅰ.①在…　Ⅱ.①阿…　②李…　Ⅲ.①哲学-通俗读物　Ⅳ.①B-49

中国版本图书馆 CIP 数据核字(2016)第 132562 号

责任编辑　卜艳冰　张玉贞
装帧设计　赵　瑾

出版发行　人民文学出版社
社　　址　北京市朝内大街 166 号
邮政编码　100705
网　　址　http://www.rw-cn.com

印　　刷　山东德州新华印务有限责任公司
经　　销　全国新华书店等

字　　数　75 千字
开　　本　890 毫米×1240 毫米　1/32
印　　张　5
版　　次　2016 年 8 月北京第 1 版
印　　次　2016 年 8 月第 1 次印刷

书　　号　978-7-02-011742-0
定　　价　26.00 元

如有印装质量问题，请与本社图书销售中心调换。电话：01065233595

目录

引言：

我们共有的性爱难题与难堪

性爱困惑

在人生中，我们很难不会对性爱感到一丝困惑——比如，在恋情终结之后，或者当我们备感挫败地躺在伴侣身边无法入睡时，通常会有一种隐秘的痛苦袭上心头。在性方面，大多数人都留有痛苦的印象，我们在内心深处时常感到自己不太正常。尽管性爱是一种最私密的行为，但它还是被一系列强有力的社会规范环伺，这些观念界定着正常人该如何面对或处理这类问题。

然而，事实上，我们很少拥有正常的性爱。所有人几乎都被罪恶感和恐惧所包围，深受各种焦虑和令人不安的欲望的困扰，被冷漠和厌恶的情绪所纠缠。没有人能以心目中理想的方式面对性爱。我们总是认定别人能够以愉悦、开放、坚贞、健康而又平静的心态看待这回事，而这只会令我们更加烦恼。比照那些被高度扭曲了的所谓“正常”的性爱观念，那么，我们每个人可能都是变态。

既然古怪如此常见，而性生活的真实面貌又很难被当作公共话题拿出来讨论，这样的现实不能不说相当令人遗憾。时至今日，我们依然很难跟那些对我们有良好印象的人谈论性爱。恋爱中的男女更会本能地向对方隐瞒内心的欲望，担心相互坦诚交流会引起对方无法忍受的厌恶感——这种恐惧通常是正确的。有些话一辈子不说出来，可能人生会更和谐。

关于性的话题，哲学书应当探讨的重点看起来显而易见：它不是教我们如何享有更热烈或更频繁的性爱，而是通过一种共通的语言，教会我们如何以“正常”而非扭曲的态度，面对自己渴望拥有或努力想要避免的性爱。

从桎梏中解放出来

无论我们对性爱的感觉有多糟糕，这种情况通常都会因为这样的观念而更加恶化：我们已处于性解放的时代，于是乎，寻找性爱就应该是件直截了当且毫不费力的事。

有关我们从桎梏中解放出来的标准说辞有这些：几千年来，由于宗教思想和世俗观念的双重束缚，人们无端承受着“性爱有罪”观念的折磨。他们认为自慰会让自己的手烂掉，偷窥别人的脚踝会下油锅，他们对勃起和阴蒂毫无认识。总之，他们荒唐可笑。

后来，在第一次世界大战与第一颗人造地球卫星升空之间的某个时间，情况有了改善。人们开始穿起比基尼，承认自慰行为，敢于在社交场合中提及口交，开始观看色情影片，并且能够自在地面对这个在人类历史上造成无穷无尽的精神疾病的议题。于是，与从前的人们对性事普遍怀有的恐惧与自责相反，现代人普遍认定自己能够以自信而愉悦的态度建立性关系。性爱被当作一种有效的、提神的和恢复精力的休闲活动，有点像打网球——每个人应该时不时地来一下，以缓解现代生活的压力。

这种号称启蒙和进步的说法，不论多么迎合我们的理性能力和异教倾向，却回避了一个毋庸置疑的事实：性，绝不是那种我们能轻易获得“解放”的东西。几千年来我们为性所困扰，这绝不是巧合：

压抑性欲的宗教禁令和社会禁忌，其实源自我们人性的某些方面，它们不可能在顷刻间烟消云散。我们为性所困，因为它从根本上来说是一股混乱、强大和疯狂的力量，与我们大部分的理性理想格格不入，因此很难平实地融入文明社会。

不管我们如何努力清除性当中古怪的成分，性爱却永远也不可能会是我们所渴望的那么简单或**美好**。性基本上就没有所谓的民主和善良一说；它摆脱不了残忍与侵犯的行为，也摆脱不了征服与羞辱的欲望。性拒绝建立在爱情的基础之上，尽管它本应如此。尽管我们试图驯服性欲，但这种冲动一再倾向于在我们的人生中制造混乱：它会破坏我们的情感关系，威胁我们的创造力，强迫我们午夜逗留夜店，跟那些身着露脐装的美女们插科打诨伺机揩油。性与我们一些最崇高的理念和价值观格格不入，充满荒谬的对立。毋庸置疑，大多数时候我们除了压抑性欲之外别无他法。我们应该接受这样的观念，那就是：性原本就是诡异的东西，我们不应因为没有以更加正常的方式对它做出回应而责备自己。

这并不是说我们无法更明智地面对性，只是我们应该认识到，我们永远无法完全克服性欲带给我们的困难。我们最大的希望就是能跟这股无法无天的力量和平共处。

一地鸡毛

种种性爱手册，从《爱经》到《性爱圣经》，都将性的问题限定在肉体方面。这些手册保证，只要我们采用了莲花姿势，或者创造性地使用冰块，采用适当的技巧跟伴侣同时达到高潮，我们的性生活就能够得到改善。

如果说我们有时会对这类指导手册感到反感，那可能是因为——在那些鼓动性的语言与一目了然的图表之下——这些书未免太羞辱人了。这些手册事实上是在要求我们这样看待性：我们之所以会对性感到苦恼，主要是因为没有尝试过后庭式，或者没有采取“保留性爱”的方式。然而这些建议行为的本身乃是人类性生活当中的异类，推荐它们更像是对我们日常性观念与性行为的嘲笑。

对大多数人而言，真正令人担忧的问题不在于和伴侣一道设法营造一个充满着茉莉花香与蜂鸣鸟啼的舒适环境，愿意尝试新姿势，花几个小时在沙发床上缠绵缱绻共享更美好的鱼水之欢。我们烦恼的是，自己跟伴侣之间早已因为长期以来的子女教养及财政纠纷之类的家务琐事而彼此生厌，结果令性生活问题重重，或者因为我们与同事发生婚外情而导致现有的婚姻无可挽回，这一切，都将令伴侣感到心碎，彻底摧毁对我们的信任。

束手无策

凡此种种，我们也许会质疑自己的预期，认为性生活本就不应该常常有太好的结果——于是与时代精神相反，我们认为美好的性生活在一生中仅有几次就应该得到满足。就如同幸福的人生一样，美妙的性生活可能也是奇珍和绝少的例外。

在我们最幸运的奇遇里，几乎不会意识到自己有多么幸运。只有当我们逐渐老去，不时地回望以往那几次美好的性福时光，我们才会恍然大悟上天给予我们的馈赠是多么吝啬——心理、生理与时机均达到完美境界的性爱是多么稀少而珍贵。

我们人生中的大多数时间，性生活似乎注定沉浸在渴望与难为情之中。不论这些性手册如何承诺，实际上我们对自己面临的大部分性方面的困境束手无策。一本性爱手册如果说有用，它就应该把重点放在如何管理我们的痛苦，而不是如何消除所有的痛苦；它应该是一所关怀院，而不是医院。然而，尽管我们不能期望书本解决所有性方面的问题，但是它们却能够借此机会排解我们的伤感，揭示出我们在性方面的痛苦其实是大家共有的现象。书本仍会给我们带来抚慰，它提醒我们：正因为我们每个人都摆脱不了性冲动，才造成我们共有的难题与难堪。

The Pleasures of Sex

第一章　性的欢愉

第一节　情欲与孤独

1.

在审视性爱带给我们的诸多问题之前，我们应该先来思考这一问题的另一面——也就是隐藏在性问题表象背后的另一个问题：为什么性爱一直被人们视为应该是充满欢愉和益处的活动，尽管事实上这种情况很难见到？

今天这个时代的人们如果对这一问题有兴趣的话，那充其量也仅是从生物进化的角度推演出一些概括性的解释。这门现代世界无处不在的学科告诉我们，跟其他所有动物一样，人类天生就需要繁衍生息，因此就需要以性爱的欢愉作为对我们花费大量努力与伴侣一道抚育子女的奖励。

依照进化生物论的观点，我们认为性感的对象，也只是反映了能够促使我们这个物种繁衍后代的事物而已。我们可能会被智力所吸引，因为这种特质在确保我们下一代的生存相当重要。跳舞不错的人会被视为性感的，因为健康的身体将在保护下一代的过程中产生作用；而社会之所以认为某些人有“魅力”，其实也就是因为人们潜意识里认为他们有更健康的体魄，他们能够更好地抵抗疾病，并减少分娩并发症带来的风险。

这套进化生物学的观点虽然说得并不错，但与我们真实的性经验相去甚远，因此不免显得有点乏味。尽管它成功解释了性存在的原因，但却无助于解释诸如我们为什么想要跟特定的人上床的问题，也无助于解释我们从性爱中获得的快感和愉悦的问题。进化生物论也许能够为性爱概括出一般的动机，却没有阐明我们真正深层的心理体验——为什么我们会邀请某人共进晚餐，在晚餐后试图在沙发上解开对方的牛仔裤——从这个角度来说，进化生物理论无法提供令人满意的解释，说明性爱为何对拥有反思理性的人类如此重要。

2.

为了寻求更易理解的解释，我们可以先来关注一下约会仪式中的某一特定时刻——往往在事隔多年以后，当我们回忆起这一时刻，仍然会有兴奋的感觉：那就是我们第一次接吻的时刻，以身体的表现来承认深受对方的吸引。

这一时刻有可能发生在车里，也许经过一顿漫长的晚餐，双方都因为兴奋紧张而吃得很少；也有可能发生在走廊上，在一场派对就要结束之际；或者，也可能发生得相当突然，就在火车站外即将分手之前，全然不顾周围拥挤的人流。我们或许不是最好的演说家，但当描述起自己与对方从相遇到初吻之前的那段经过，我们每个人都文采斐然。

这个决定性的初次时刻，令我们从两个相对陌生的人，变成了亲密性伴侣，这个时刻令人心颤，因为它标志着我们克服了孤独。我们感受到的快乐不仅仅来自于神经末梢的刺激和生物冲动的满足，也来自内心深处生出的一种喜悦，觉得我们在这个冰冷无情的世界里摆脱了孤独的状态，尽管时间很短暂。

这种孤独是每一个走出孩童时代的人都会体验到的情绪——如果我们够幸运，我们的身体和情感将会获得亲密的照顾，自此舒适地生活下去。我们可以赤裸地躺在她的肌肤上，可以听到她的心跳，可以看到她注视着我们的眼中流露出的深深喜悦，尽管我们在她面前只不过是呆呆地流着口水——换句话说，我们只是单纯地存在而已。我们只消用勺子敲敲桌子，就能引来阵阵笑声。我们的手指会受到搔弄，头发会被轻柔地理顺、嗅闻、亲吻。我们甚至不必说话，我们的每个需求都会被小心解读，母亲的乳房随时可供我们吸吮。

然而渐渐地，情况发生了变化。我们被迫断奶，母亲开始哄诱我们吞食米饭与切碎的鸡肉。我们的身体不再能够引起他人的欣喜，也渐渐不再能够随意暴露。我们开始为自己的特定部位感到羞耻，身体上不许外人触碰的部位越来越多。开始是生殖器官，渐渐扩展到腹部，然后是脖子后面、耳朵、腋下，到最后，我们只能偶尔给别人一个拥抱、握握手、鞠躬或者在脸颊上轻轻一触。别人纯粹因为我们的存在而感到的满足逐渐下滑，对我们的热情也开始取决于我们的表现。现在，我们“做”什么比我们“是”什么更能博得别人的欢心。曾经只要看到我们涂鸦之作（那些歪七扭八的瓢虫与世界各国国旗）就会对我们不吝溢美之词的老师们，如今却只在乎我们的考试成绩。别人开始以出自善意的冷酷语气告诉我们，也许我们应该自己工作挣钱了；而社会也主要根据个人的财富状况来评定我们。我们必须开始在意自己的言行举止和穿着打扮。我们对自己外貌的某些方面深感惊恐反感，不得不把钱花在衣服和发型上来加以掩饰。渐渐地，我们成长为笨拙、思维蠢笨、满怀羞耻感又焦虑的个体。我们长大成人，彻底被驱逐出了伊甸园。

但在内心深处，我们却永远不会忘记那些与生俱来的需求：我们希望以自己的本色获得别人的接纳，而不管我们的成就如何；我们希望通过身体的媒介被人所爱；我们希望得到别人的拥抱；我们希望因我们肌肤的气味而让人愉悦——就是因为这些需求，我们才会怀抱着不屈不挠的热切理想，寻求着一个能够与我们亲吻同眠的对象。

3.

让我们设想一下一对情侣初次互相引诱的渐进步骤，以便分析他们在摆脱孤独的过程中体验到的欢愉。首先，我们设想在某个周六的半夜十一点，这对恋人看完电影后，在城市的某间咖啡馆里吃着冰淇淋。

毫无疑问，这对情侣此刻所感受到的性兴奋可以有生物学上的解释，这与繁殖及遗传方面的潜意识冲动有关。不过，这对男女之所以会如此兴奋，也是因为他们克服了存在于通常生活中遏阻人与人之间发展出亲密关系所设置的重重樊篱——而我们就是要关注到这个层面上，从广义的角度阐释他们在迈向卧室所感受到的情欲体验。

亲吻——接受彼此

此刻，这位女子一边拿着勺子，一边讲起了前不久她和妹妹到西班牙度过的美好假期。她说，她们在巴塞罗那参观了一座由密斯·凡·德罗设计的展览馆，还在一家招牌菜是摩洛哥风味的海鲜餐厅品尝了美食。而这位男子，此刻正感受到女人的腿靠着他，也感觉得到她在灰黄裙子底下的那双黑色连裤袜的弹性。当她讲到西班牙设计师高迪的奇闻逸事时，他把脸靠向她，并时刻准备好，要是她略略表现出反感或恐惧的神情时就立刻抽回——不过，她对他的举动只是露出一道温柔和乐意的微笑，让他不禁有如梦中之感。她闭上双眼，双方互相感受到了对方嘴唇上那种出乎意料的独特触感，结合了湿润的唾液与柔软的肌肤。

我们只有在更广阔的视野下仔细思考，才能理解此刻他们感受到的欢愉：任何一个吻的发生，都克服了一股庞大深厚的冷漠。不用说，现实中我们遇到的大多数人根本不会有兴趣与我们有性关系，甚至还会对这种念头感到厌恶。我们没有选择，只能尽可能地与别人保持至少60厘米的距离（90厘米就更好了），这样才能表明我们缺乏定力的自我根本无意入侵对方的私人领域。

接着，两个人就接吻了。那隐藏在嘴里的隐秘地带——幽暗、潮湿的洞穴，除了牙医能偶尔涉足，还没有谁可以侵入：那是舌头称王的地方，它寂静、不可知，宛如白鲸的肚子——而如今，它却准备好了敞开来迎接另一个王。舌头，之前从没奢望可以遇到一个同伴，如今正小心翼翼地触碰这个新来的同类，就像当年南太平洋诸岛上的岛民将自己妥善保存的奇珍异宝悉数展示给第一批前来探险的欧洲冒险家们一样。脸颊内部那些沟沟壑壑的所在，一向被认为是完全隐秘的处所，这时却遇到了同类。两条舌头相互挑逗，滑着和谐的舞步。它们舔着对方的牙齿，就像那是自己的一样。

这样的描述听起来有些恶心，但这正是重点。与情欲相关的一切，只要是和错误的对象相联系，就不免令人作呕，所以情欲交缠的时刻才会如此令人陶醉——因为就在最让人恶心的时刻，我们却获得了对方的欢迎和接纳。两个人的结合原本就具有一种专属独享的本质；而确认这一关系的行为，若是放在别人的身上，肯定会让双方惊恐不已。

话说回来，如果我们生活在另一种文化环境里，以完全不同的方式表达对别人的接纳，比如人们表达彼此爱慕之情时会一起吃一个木瓜，或者相互触碰脚趾——那么这些举止可能同样被赋予情欲色彩。亲吻的愉悦虽是来自嘴唇的敏感性，但我们不该忽略的是，兴奋感有很大一部分其实与我们的身体层面无关，而是纯粹出自于一个简单的认知，那就是："对方非常喜欢我。"这条信息如果通过别的渠道传达给我们，也足以让我们心醉不已。在接吻行为之下，真正令我们着迷的是它所代表的意义——这就是为什么我们一旦道破自己内心想要亲吻某人的欲望，这个欲望就会在被道破之际大幅降低（有时候这种情形是必要的，例如一对恋人均有家室）。这样的宣告本身可能就已经充满情欲意味，以至于真正的接吻就显得画蛇添足了。

脱衣——抛掉羞耻

那对恋人开车回到女子的公寓，而男子并不熟悉这里。

他们悄悄爬上三楼，屋内窗帘敞开，橘黄的街灯透过窗子照亮了卧室。他们在橱柜边再次热吻。仗着在屋里，他松开了她米黄色的衬衫，她则解开了他蓝色衬衫的扣子。他们的动作渐渐急促起来，他的手绕到她背后，笨拙地想要解开她的胸罩。对于他的笨拙，她报以宽容一笑，然后伸手去帮他。片刻之后，他们赤身裸体，第一次搂抱在一起，开始温柔地抚摸着彼此的大腿、臀部、肩膀、腹部和乳头。

在《创世纪》里，上帝将亚当和夏娃驱逐出伊甸园，施予他们的一大惩罚是让他们对身体感到羞耻，这绝不是巧合。上帝宣判这两个忘恩的男女将永远对赤身裸体感到羞愧。不论我们是否承认对肉体的羞耻感来自于这一宗教源头，显而易见的是，人类穿衣并不仅仅为了取暖而已，也是因为——而且可能是主要因为——我们担心暴露自己的肉体会引起其他人的反感。我们的身体从来不像我们理想中的那般模样；即使在我们最迷人最健美的青春时代，我们想要去改变的身体部位仍然有一长列。而这种对肉体的焦虑更多的是由于我们对自身存在的不满，而不是对美感上的不满。向别人袒露成人身体的任何部位——也就是能够渴求及享受性爱的身体——总是有些令人深感羞愧。

但事情并非向来如此。羞耻感始于青春期。随着我们身体的成熟，开始具备从事性行为的身体条件，我们便有了让别人误认为猥琐的风险。于是，我们平日对外展现的形象，与私下具备性能力的自我之间便存在着一条界线。我们成年人生活中一大部分的自我——从我们的性幻想乃至张开的双腿——都几乎不可能和我们认识的人分享。

让我们回到刚才的故事。故事里的那个男子现在正热切地吮吸着女友的手指。对他而言，自我的分裂和羞耻感开始于 14 岁那年。那个时候，他原本还在开心地跟兄弟在花园里玩牛仔与印第安人的游戏，还会去看望自己亲爱的外祖母；但不过才一个月时间，他就整天一心只想待在自己的房间，一边躲在窗帘后面想着某天路过街边报刊亭时瞥到的某个女人的靓影，一边自慰。他内心的渴望与别人对他的期望完全无法统一起来。他的时代允许他对自己喜欢的女孩怀有牵手或者亲吻的渴望，但这种温和甚至单纯的行为，和他无法克制的想象当中的那种下流的场景实在相差太远。不久之后，他开始沉迷于色情刊物，甚至幻想着将他的数学老师捆绑起

/ 在性爱当中，我们可以短暂地回到他们被逐出的那个地方。
马萨乔，《亚当和夏娃被逐出伊甸园》，1427年。

来凌辱一番。他如何还能算是个好人？羞耻感促使他形成了一个永远无法让别人知道的内在自我。

而此时跪在他面前的那个她，也经历过类似的事情。那时她 13 岁，原本是个喜欢缝纫、骑马和烘焙香蕉面包的乖乖女，但几乎一夜之间脱胎换骨。她的休闲活动差不多只剩下了一件：躲进浴室，锁好门，躺在地板上，脱下裤子，然后面对落地镜看着自己自慰。这样的行为如何与人们所认识的那个她吻合？会有人接受这样一个完完整整的她吗？在高潮之后的那些精疲力竭的时刻，她满怀愧疚地感到痛苦，这痛苦正是马萨乔笔下那位被严苛的神明驱逐出伊甸园的夏娃所感受到的痛苦。

现在，这对情侣在卧室里的行为，其实是两个秘密的性欲个体相互调和的现象，在这种调和中，他们终于摆脱了那种充满罪恶感的孤独状态。双方均默认，不去触碰彼此的身体外貌与肉体欲望当中所存在的那种令人吃惊的古怪特性，他们毫无羞愧地接受了原本令人深感羞愧的事情。通过彼此的爱抚，他们慢慢滑向一个非同寻常然而又是和谐的方向。他们的求欢举动与文明社会期待他们表现出来的行为相差很大——例如，这种举动就与他们对于自己祖母的记忆互相冲突——但却不再显得邪恶或怪异。最后，在这幽暗的房间里，这对情侣终于能够体验到身体驱使他们想要得到的许多又美妙又疯狂的体验。

性兴奋——真实的反应

他们躺在床上，继续相互抚摸。他触到了她两腿之间，轻柔地向上按压，欣喜地发现她已经湿了。同一时候，她伸过手来揽住他，同样满意地发现他已经极度坚挺。

这种生理反应能带给人情感上高度满足（同时也充满性欲的挑逗）的原因，是因为这种反应代表了一种完全超出理性控制之外的认可。勃起和湿润都不是简单地靠意志力就能够操控的，因此这是一种特别真诚的表示对方对自己喜爱的指标。在这样一个虚情假意的世界，通常我们很难讲清楚别人是真的喜欢我们，还是他们仅仅出于责任而说喜欢我们，而我们私处的湿润或坚挺就成了真心喜欢的毫不含糊的标志。

这种不由自主的反应令人极度欣喜，以至于在云雨之后，这对情侣会回过头来聊起这些反应，而且与他们早先在咖啡馆里的那一刻联系起来。他略带淘气地问她，当她在讲述自己与妹妹到巴塞罗那的旅行趣闻时，是不是就已经湿了。她则微笑着回答说，当然是啦，而且在他们刚坐下来点饮料和冰淇淋那会儿就已经有反应了。接下来，他承认当时自己也早就按捺不住啦——就这样相互激发，他们发现在彼此理智的聊天之下，他们的身体早就体验到激烈的欲望，远远早于表面上的社交活动。

当性欲占上风的时刻，理性的自我总会有情欲的感受。几个星期后，这对情侣相约去海边度周末。星期六傍晚，在一天的游泳嬉戏和日光浴之后，他们回到宾馆，躺在床上情话绵绵，而最后，总会谈及性幻想的话题。他们都承认自己喜欢制服诱惑。他告诉她，自己最喜欢幻想庄重严肃的护士穿着白色的护士服；她呢，带着一丝自嘲的笑容望向窗外，说起自己偶尔会对身穿考究的羊毛西装的男人想入非非，尤其是那种衣冠楚楚，神色专注而严谨，拿着公文包和《金融时报》走在城市的街道上的年轻经理人。

这种制服诱惑来自制服所代表的理性控制力与放纵的

性欲冲动淹没了理性——就算是在性幻想之中——之间的落差。通常，我们在日常生活中接触到的这些人——从医生、护士到投资经理和税务官员——在与我们说话时，当然不可能让我们有生理反应；他们甚至根本没认真注意过我们，更不会因为我们而中止治疗病人或者取消会议。他们公事公办的冷漠作风让我们感到受了伤害或羞辱——所以，当幻想现实生活遭到颠覆，事物的先后次序受到逆转，才会对人产生如此强烈的吸引力。在幻想的性爱游戏中，我们能够重写生活的脚本：比如，护士小姐因为迫不及待想要与我们上床，而忘了给我们抽血；而资本家们，一时之间不再顾及金钱，一把扫落桌上的电脑，开始一个冲动狂热的吻。当我们在幻想的医院卫生间的隔间或文具柜旁的地板上激情做爱时，至少从象征意义而言，性关系战胜了地位和责任。

许多正式的环境居然也可能带有意想不到的情欲色彩。就像制服通过打破规则激起情欲一样，类似地，想象在大学图书馆的某个隐蔽角落、餐厅的衣帽间或者火车包厢里做爱，同样会令人兴奋。这种大胆违反规则的想象，会给予我们一种超出性范畴之外的权力感受。设想一下，在一架满载商务人士的飞机后舱做爱，本身就是对日常等级秩序的一次颠覆，一下子就把欲望带入这个由冰冷的清规戒律主导个人愿望的环境里。在三万五千英尺的高空中，就像在办公室的小隔间里，性欲的胜利看起来更加甜蜜，我们的愉悦也随之提升。我们将这幕发生在飞机盥洗室里的场景称为“性感的”，但事实上我们是因为克服了一种具有压抑性质的疏离而感到兴奋。

因此，在正式场合与亲密行为的交汇点上，情欲色彩也最鲜明。这就好比我们需要不断回溯那些约定俗成的清规戒律，如此才能更好地体验那旁若无人的奇妙境界，不断越界所带来的刺激感也只有在体验到周遭环境的限制时才能实现。这就是为什么我们与一个新认识对象的初夜会如此令人难忘，因为正式与亲密之间的对比在那个时刻最为强烈。但遗憾的是，这也是为什么我们在裸体海滩上很难感受到情欲兴奋，或者为什么长期的伴侣一旦不再在我们面前欲遮还羞，我们就不免忘恩负义地对那具身体丧失欲望。

/ 一个充满诱惑的做爱之地。

粗暴——爱的表现

在他们做爱的过程中，那个女子以情侣间那种无须言语的微妙方式，让那个男子知道，她很愿意让他拽她的头发。一开始，他试探性地拉扯了一下，这么做似乎并不“好”。但是她显然对轻柔的拉扯毫无兴趣，于是，他拽住了她的一束棕发，配合着他们做爱的节奏野蛮地拉扯着。受到她热切反应的鼓励，他开始辱骂她，部分原因是他对她怀有满腔柔情。她同样对他满怀深情，用兴奋的语气骂他是王八蛋、下流坯、卑鄙的入侵者。他粗暴地抓住她的肩膀。第二天，她背上的抓痕仍然清晰可见。

正常的生活总是要求我们彬彬有礼。这是一条律法，如果我们想要赢得他人的尊重和喜爱，就必须深深隐藏内心一些看似“坏”的方面，比如我们的侵略性、我们的莽撞、我们的贪婪和轻蔑。我们不可能将情感和心智的所有方面都暴露出来，否则社会就不会接纳我们。因此，性爱一旦允许我们隐藏的自我被别人看见——进而获得赞许——我们才会获得情欲上的快乐（说得更准确一点，其实是一种情感上的满足）。

在一个对我们的高洁深信不疑的人面前，我们才敢于表露出自己平日里害怕或羞于表露的一面。我们在这种情况下说的话、做的事，很可能让这个世界给我们贴上疯子的标签。因此，允许打对方的耳光或是用力掐对方的脖子，都可以是爱的一种明证。这样的许可代表着我们的伴侣知道我们其实是正直的人。我们虽然也有阴暗面，但他们并不在乎。他们就像理想的父母那样，能够看穿我们的所有，并确定我们本质上是善良的。当宽容的恋人心甘情愿地邀请我们说出或做出我们所能想到的最糟糕的事情时，我们其实就得到一个随意展现本色的特别机会。

如果我们是这种暴力和粗暴行为的接受方，可能也会收获到相同的愉悦，以及一种权力在握的确认感，因为我们能够决定自己受到何种程度的侮辱、伤害与支配。在日常生活里，我们经常忍受着别人的虐待，常常不得不屈服于有权有势者的淫威，任凭他们的摆布；而在这里，在我们自己设计的戏剧性的表演里，我们把施暴征服自己的权力交给一个本性既善良又温柔的人，由此而获得彻底的解放。我们命令对方掌掴及辱骂自己，由此我们将克服内心对自己的脆弱所怀有的忧惧；同时在遭受对方所能设想的最恶劣的虐待，并且安然挺过之后，我们将感受到自己具备韧性和强大生命力所带来的愉悦。

情侣之间的忠诚度会随着暴力的不断升级而升级。我们越是相信自己的行为在正常社会的观念中会引起人们的惊恐，我们就越感受到自己与对方建立了一个互相接纳的乐园。这些粗暴行为在进化生物论看来毫无道理；唯有从心理的角度，才能体会到被打、被掐、被绑、被强暴，就是被爱人接纳的证明。

性爱让我们暂时从那种从小就被教导的区分肮脏与洁净的严苛规则中解救出来。性爱让我们展示出自我当中最肮脏的一面，并且为此赋予新的价值，从而使得我们得到净化。最能真切感受到这一点的时刻，就是我们将脸——也就是自我当中最公开、最体面的部分——紧贴在爱人最隐秘最“肮脏”的部位，亲吻、吮吸、伸出舌头舔舐，以这样的举动象征接纳对方全部的自我，这就好比牧师凭借在额头上的轻轻一吻，象征性地洗刷掉忏悔者所犯下的所有错误，让他重回宗教的怀抱那样。

恋物癖——善的象征

故事里的这对男女都有恋物癖，在做爱的过程中，他们有意识地注意这些东西，并借此进一步提升自己的兴奋度。“恋物”这个词通常让人联想到极端，甚至是病态，以及某种特定的衣着或者身体特征——比如长指甲、皮衣、面具、链子和袜子。然而，我们的这对情侣对这些均无兴趣。

从临床医学的角度来看，“恋物”的定义是患者达到高潮所需的因素，而且通常是一种本质上很特别的因素。最早最著名的恋物癖研究者是奥地利裔的德国医生兼性学大师理查德·冯·克拉夫特-埃宾，他在1886年出版的《性心理疾病》一书中列举了二百三十多种不同类型的恋物癖，其中有文身控（喜欢刺青和穿洞）、眼泪控（喜欢眼泪）、恋足癖（喜欢脚）、肌肉控（喜欢肌肉）、捆绑控（喜欢被捆）等。

这些极端的例子会使人误以为只有变态者才是恋物癖，其实不然。恋物癖并不一定要以极端或者难以理解的方式表现出来。我们或多或少都有恋物倾向，只是很多时候我们可以完全不借助于恋物对象也能进行性行为。宽泛地说，恋物的对象纯粹只是某种细节——最常见的如某种款式的衣服，或者身体的某个部位——这些东西能够唤起我们人性中的某部分欲望。激起欲望的源头往往晦暗不明，但常常跟我们小时候某些有意义的方面相关联：我们之所以受到特定事物的吸引，或许是因为这些东西令我们想起某个钟爱的长辈身上令人喜欢的特质，抑或恰恰相反，是因为这些东西能够消解或帮助我们逃避童年时那些充满羞愧和恐怖的记忆。

理解我们在这方面的偏好，是认识自我过程中必不可少的组成部分。弗洛伊德关于梦境的说法也适用于性恋物癖：这是通往无意识的道路。

这个男子迷恋一种特殊款式的鞋子。在他们约会的那个晚上，他兴奋地注意到女子穿的是一双黑色舒适的平底便鞋（图书管理员和女学生常常会穿这种鞋子，而她穿的是意大利 Marni 公司的鞋）。现在，他们在床上做爱时，尽管两人都已脱光，他还是问她是否愿意再穿上那双鞋子，因为这样他会更兴奋。

要解释这个男子为何会对那双鞋子感兴趣，就需要交代一番他的过去。他的妈妈是一位非常成功的演员，总是穿着夸张暴露的衣服，她尤其喜欢穿豹纹衫，涂紫色指甲油，穿很高的高跟鞋。重要的是，她明确表示自己不喜欢这个儿子。她从没有夸赞过他，也从不曾对他表露出一丝关爱，她的注意力完全放在他的姐姐和她自己的许多情人身上。她从不曾给她儿子读过睡前故事，也不曾给他的泰迪熊编织过冬的毛衣。直到现在，尽管这个男子已经长大成人，但如果哪个女性会令他联想到他那自私又冷漠的母亲，他仍旧会感到惊恐不已。

尽管男子没有意识到这一点，但他的心理历程却像一个无所不在的过滤器影响着他如何看待鞋子，并延伸到如何看待穿鞋的女人身上。比如今晚的约会，如果女子穿的是 Manolo Blahnik 高跟鞋或者 Jimmy Choo 高跟鞋，那结果可能大不相同：就算两人最后仍然会上床，但他说不定会不举。不过，女子穿的这双便鞋却非常完美。那双鞋浓缩了男子在浪漫恋人身上寻求的种种特质。这双小巧精致的 22 码皮鞋，仿佛说出了他理想中的女性的所有品格：安静，理智，自制，端庄，谦逊，还和他一样有点害羞。他能够跟这双鞋的主人做爱，倘若条件允许——比如她出差去了，要他帮忙看管房子——他也能够毫不困难地借助这双鞋子本身达到高潮。

而同样地，这个女子也有她自己的恋物癖。她喜欢他戴的手表，这是一种老款式的二手手表，配着一条旧皮带。做爱的时候，她一直盯着它看，有一刻她甚至用双腿将男子的手臂紧紧夹住，感受金属和玻璃表面紧贴在她皮肤时带来的快感。这只手表和她父亲以前戴的是同一款式。她父亲是个很出色的医生，和蔼又风趣，但在她 12 岁那年不幸去世，她为此心碎不已。长大后，她寻找的男人，多多少少具有像她父亲那样的特质和气味。看到男子的这只手表，她的乳头陡然变硬，因为这只手表传递出一个潜意识的信息——她的这位新情人可能跟她在这个世上最爱的人之间拥有某些共同的品质。

说到手腕上的东西，不得不说这个男子的另一个癖好。在他们第一次接吻时，他注意到她的左腕上戴着一根橡皮手环。克拉夫特 - 埃宾从来没有讨论过这种现象：至今还没有所谓“手环控”的提法——但这只能说明恋物癖的研究领域还很不成熟，还有很多工作等待着研究者去做。（同样，色情业

/ 这些物品之所以能够激起我们的情欲，原因在于它们是善的象征。

者也有许多工作要做，因为在色情网站和色情电影中表现出的恋物癖，相比实际上令我们感到兴奋的只占了一小部分而已。还有许多网站可以去搭建，随便说几个吧：比如有人因为羊毛衫而兴奋，有人因为看到别人脸红而兴奋，有人因为看着别人开车而兴奋，也有人因为看到别人读书而兴奋）他喜欢她手上戴的橡皮手环，似乎这代表了她调皮、随意、中性和健康的一面。它表明它的主人不会盲目追赶潮流，而只追求简单的感官舒服所带来的内在自由。他再一次感到了兴奋，那个手环能将他从母亲的阴影下解脱出来，因为他的母亲只佩戴从精品店里买来的贵重珠宝（而且其中大部分都是他父亲以外的男人买给她的）。

柏拉图的《会饮篇》中记载，苏格拉底在一次晚宴中对爱情进行了探讨。这场讨论，出人意料地谈到了恋物癖——这段解释虽然很有趣，但显然也是偶得的成果。柏拉图借阿里斯托芬之口，提出了后来被称为“爱的阶梯”的理论，他认为，尽管我们受目之所见之物的吸引，但最终，物会将我们带离视觉之物，带离物质世界，而进入一个更高尚的境界，柏拉图称之为“善”。爱的阶梯理论将物质世界与理性与德行世界做了有效的勾连，有助于我们摆脱针对恋物癖的阴暗和负面的解释（认为恋物癖仅仅局限于性欲，因此是不值一提的小事）。有了柏拉图的哲学思辨，一双美丽的便鞋，一款优雅的古董手表，以及一条有弹性的手环，都将不再被当作毫无意义的东西而忽略，也将不再被当作仅仅激起无关紧要的欲望的小玩意儿。于是，这些物品以及所有我们迷恋的对象都可以被视为引导我们攀爬爱的阶梯的引导物，从而在别人身上找到我们最钟爱的东西。它们之所以能够激发起我们的情欲，原因在于它们是善的象征。

性高潮——乌有之乡

故事里的这对情侣终于在凌晨时分享受到了性高潮所带来的愉悦，总体来说，性高潮远远不是两个性器官遵从物种繁衍的生物性要求而相互摩擦挤压所产生的生理快感。我们从性爱中得到的快感也与我们从伴侣身上体认到的美好人生要素密切相关。越仔细地分析我们所认为的“性感”的事物，我们就越发明白：情欲就是我们找到一个能够与自己分享同样价值观和生存意义的伴侣的兴奋感受。

性高潮本身标志着我们暂时克服了孤独与疏离状态，而达到生命的巅峰时刻。所谓情人眼里出西施——他说的话，她穿的鞋子，彼此眼中传达出的心绪——所有这些都会凝成一股纯粹的快感，从而对对方怀有特殊的柔情，并愿意将自己的脆弱呈现。

当然，也有根本不需要找到情投意合的人也能达到性高潮的方式，但这些方式多多少少背离了性爱的真正意义。从狭义的角度看，这解释了为什么我们会在手淫之后产生空虚孤独之感；从广义的角度看，这也正是为什么我们对各种强奸、娈童之类的恶行感到如此愤慨——因为在这样的行为中，只有一方会体会到性的快感。

4.

从宏观的角度来看，性爱的难题之一在于它不可能持续很长的时间。极端情况下最长可能也就两个小时，还抵不过一次做弥撒的时间。

做爱之后我们的情绪往往会低落。一方或者双方可能都会有这样的冲动——想要去睡觉，或者想去看报纸，或者干脆溜走。问题的关键不在于性爱本身，而在于性爱与日常生活的强烈对比：性爱表现出温柔、暴力、活力和享乐，而日常生活则充满了单调、压抑、艰难和冷漠。这种强烈的对比，甚至达到令我们无法忍受自己所面临挑战的程度。而且，随着性欲的释放，我们会感到刚才的行为很不真实，离我们熟悉的那个自我以及平时关注的事物相距甚远。比如，我们平时也许会努力保持理智，但就在刚才——会是真的吗？——我居然渴望鞭打她（他）？尽管我们乐于生活在一个民主的现代社会，但就在刚过去的那个夜晚，我们却暴露了自己的真实欲望——一心想要成为一个把落难少女囚禁在地牢的中世纪虐待狂贵族。

我们的文化不鼓励我们承认自己在性爱中暴露出来的自我。性爱仿佛是一种单纯的生理活动，与心理的重要性毫不相干。但诚如我们所看到的，性爱当中所发生的一切与我们最核心的追求目标密切相关。性行为虽然是器官之间的相互摩擦，但我们感到的性兴奋并不是粗俗的生理反应；事实上，它是一种发自内心的狂喜，因为我们认为自己所遇到的这个人，也许能够消除我们内心最大的恐惧，并且在双方共同价值观的基础上，希望与对方建立共享的人生。

第二节 “性感”仅是外表吗？

1.

当我们说自己喜欢某人是因为对方看起来“性感”时，听起来我们是在以一种侮辱人的肤浅标准来评价对方。我们的文化在这一点上很严格：不能以貌取人，这才是有教养的社交圈的文明观念。在宣称对某人有好感之前，我们需要通过交谈循序渐进地了解对方，一见钟情或者春心摇动是不足取的。以貌取人甚至有违人性，因为外貌往往很难大幅改变，不像个性那样据说可以由自己操控。我们认为人是由内在和外在两部分自我所组成，而且我们更看重前者。

但不可否认的是，身体外貌在我们的命运和欲望中占据着惊人的重要分量。想要跟某人上床这样的念头早在我们有机会很好地了解对方之前就有了——也就是说，我们还没来得及坐下来好好地聊聊彼此的背景、兴趣爱好和情感。我们可能会立即认为对方很“性感”，很多时候仅仅是根据一张照片或街头一瞥，然后就在脑海里幻想一起去度假有多么愉快，对此，除了他们“看起来很迷人”之外，实在没有什么更高明的理由来解释。

这确实令人震惊，然而在一本谈论性爱的书里，这一现象不可忽略。所以，在我们抛弃相貌无关紧要的陈词滥调之前，先问这样一个问题：当我们说某人的相貌激起别人的情欲时，实际上真正要说的是什么？我们到底是被他们身上的什么所吸引？确切地说，迷人的人究竟有何魔力吸引我们？

对此问题，进化生物学再次提供了颇为有力且值得注重的答案。根据这一理论，我们被美所吸引仅仅出于一条简单而明确的理由：美代表健康。所谓“美丽的人”——或者说得随意些，所谓“性感”的人——本质上就是拥有更强免疫系统且精力充沛的人。我们喜欢这样的人（或者说我们被这些“美色”诱惑）是因为我们推测——通过大自然赋予我们的敏锐直觉，让我们得以在复杂而紧迫的情势下迅速做出决定——跟这样的人在一起，理论上我们极有可能获得绝好的机遇，生育出更健康更强壮的后代。

众多的研究均表明，从全世界随机抽取各种人作为实验对象，让他们根据相貌的美貌程度来对多张男男女女的照片进行排序，结果，来自不同的社会与文化环境下的实验对象

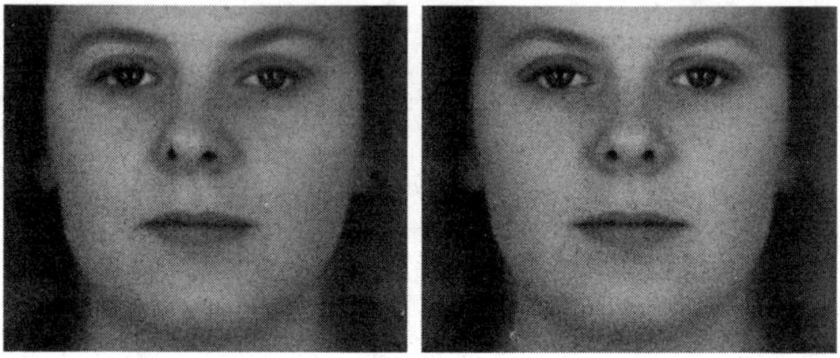

/ 性感的标准显然不是取决于个人眼光：一项研究表明，
97%的受访者更想跟右边这位女子（脸部比较对称）上床。

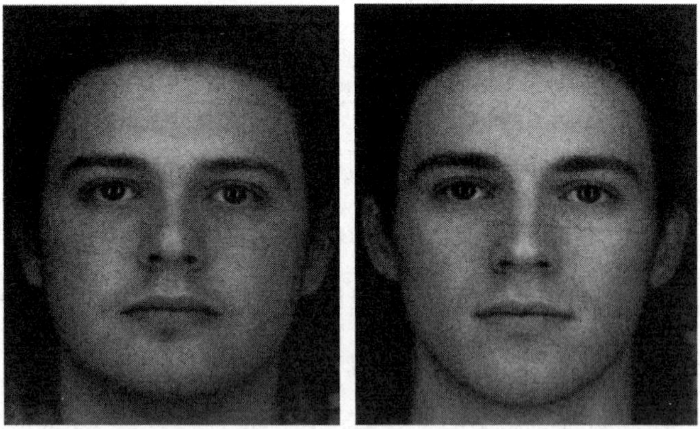

/ 右边男子的脸相对其身高体重来说具备适量的脂肪；
而左边男子的脸则脂肪太多。我们所谓的“性感”，
在生物学意义上就是“健康”的同义词。

做出了惊人一致的判断。我们对于什么是有魅力的面孔显然颇有共识。从这些研究出发，进化生物学者得出结论，“性感”并非无法归类的抽象概念；不论男性还是女性，只要他们的脸是对称的（也就是说，左半脸和右半脸几乎是一样的），而且五官端正、比例恰当，这样的人就是“性感”的。

2.

在我们还没来得及形成自己的意见之前，就有人预测说我们可能会更愿意跟什么样的人上床，这实在令人匪夷所思。进化生物学者做的这些实验，感觉就像是魔术表演——我们就好像被魔术师蒙住了双眼，诧异于魔术师说中我们从一堆扑克牌中抽中的是哪一张牌。但与魔术师不同的是，进化生物学者并不讲究超自然的那一套；他们坚持认为，在我们对某种脸型的特殊偏好背后，隐藏着一个合乎逻辑的科学动机。面相的对称与均衡之所以重要，那是因为其反面——不对称和不均衡——标志着一个人在早年曾经患过疾病，也许那时还在娘胎或者还很小的时候，也就是自我尚未定型的那段时期。胎儿的 DNA 受到微生物的破坏，或者孕妇在孕期的前几个月遭受重大压力，都将对胎儿的五官留下遭受这些不幸的印记。我们的相貌指示了我们的遗传命运。

我们很难反驳进化生物理论的这种观点：我们大脑的某个区块深深镌刻着人类最古老的对于求生的执着，因此美是健康的终极象征。这一理论同样似乎正确地描述了人的相貌中许多微小但值得重视的关键因素——比如，鼻梁高那么几毫米，抑或双眉间距宽那么一两分，都可能极大地影响别人对我们的反应。根据这一理论，以貌取人不再是肤浅的看法。进化生物学虽然承认我们常常以貌取人，但它也主张相貌本身绝非无足轻重的小事，而确实关联到了一些深刻本质。被某个人吸引首先是被他身上的某些品质所吸引，性欲和对美的倾倒与人生的终极目标相关联，那就是：生儿育女。

3.

然而仔细一想，这种生物学的解释多少有些令人沮丧，它令我们对他人的性欲局限于一项非常单一的标准，那就是：他们是否健康。

当然，我们并非不在乎这项标准。只不过既然建立美好的共享人生需要许多的条件，那么我们对潜在伴侣的外貌怀有好感，就必定不只是跟对方的身体健康有关。

法国作家司汤达以“美是幸福的承诺”这句格言，为我们指出了一条走出生物学死胡同的出路。他对美的这个定义，一下子扩展了我们认为某人长得美的理解范围。这个定义远远超越了健康：我们称赞某人美，是因为从他们的脸反映出他们内在的某些特质，而这些特质使我们凭直觉认定可以跟他们建立起成功的关系。例如，我们可能从对方的相貌中察觉到诸如决断力、智慧、诚信、善良及无伤大雅的幽默感等优点。如果我们可以根据某人鼻子的形状潜意识地看出他抵御疾病的能力，那为何我们不能根据某人的嘴唇判断他是不是有耐心，或者从眉毛上判断他是不是有幽默感呢？

4.

要想弄清楚人的脸可以传递出多少信息，只消细细观察一下著名画家笔下那些我们并不认识的风姿绰约的人物，比如，安格尔的《德沃塞夫人》。画中这位夫人的外貌显然是非常美丽的——那么，根据进化生物学的观点，她也应该是健康的。但如果我们要更深入地解释她的魅力，那么除了她的DNA所显示的健康的生殖能力之外，我们还必须寻求她所隐藏的优点。画中的她令我们着迷，甚至激起我们的欲念，全然是因为她的脸暗示出许多除了健康之外的特质——这些特质能够用语言描述出来（尽管不具有科学上的精确性），也可能是我们在真实生活中的伴侣身上所喜爱的特质。

德沃塞夫人嘴角的微笑显示出一种对世俗的宽容。我们不用担心在她面前坦白任何事情（比如我们没有缴税，或者在法国大革命期间做了坏事，或者有不寻常的性嗜好），这位夫人不会一本正经地要我们承担责任，她不会表现出震惊，不会对我们说教，也不会古板地审视我们；她深知我们的心灵不失基本的正直的同时，仍然存在着诸多的问题。她的鼻子似乎带有一种与生俱来的尊严，显示虽然她地位尊贵，却并不因此骄奢淫逸；画作中的她高贵大方，历经风吹雨打依然努力坚持着内心的骄傲与优雅。她的发型一丝不乱，一方面带有纪律严明的特征，同时也散发出朴实无华的动人姿色。也许从修女学校起，她就开始学习如何梳理头发，在那里她一定是那些和善的修女们最喜欢的学生之一。她的眼睛里流露出迷人的果敢——就算面对粗暴的审问者，她也不会移开自己的视线。她绝不会背弃自己的信念，也绝不会为了自己的利益而背叛朋友。

/ 性感不只是“健康”，它也是幸福的承诺。安格尔《德沃塞夫人》，1807年。

我们欣赏德沃塞夫人的美，并不仅仅因为我们认为她身体健康，也因为我们被通过她的脸所巧妙呈现出的人格特质所打动。

跟其他很多同类的优秀画作一样，安格尔的肖像画令我们知道，外貌可以传递出人物最真实的品质。肖像画之所以深具启发性，就是因为所画的对象的许多特质确实就呈现在表面上。外在的身体自我不一定与隐藏在我们皮肤之下的内在的深层人格互相冲突，两者可以互相整合达到一致的状态。因此，我们觉得某些人相貌诱人而想要和他们上床，这并不意味着我们不在乎或者无视其“真实的自我”。更确切地说，如果我们在他们的双唇、皮肤、嘴巴和眼睛当中察觉到了某种令人兴奋的“善”——按照司汤达的说法，就是幸福的承诺——我们可能会被点燃激情，热切渴望接近对方。

5.

给人“性感”印象的心理层面也可以从服装反映出来，尤其是女性的时装。回到进化生物学的观点，我们不妨将服装设计师呈现其产品与热带鸟类求偶表现作一个对比。鸟儿所展示出来的羽毛的品质能够显示它是否感染了某种血液寄生虫，从而让求偶对象迅速判断其身体状况；时装也刻意凸显了健康身体的特征——至少隔一段距离看是如此——尤其是腿部、臀部、胸部和肩膀等部位。

然而，如果时装仅仅提供健康的信息，那未免太过单调。这么一来，各大公司与设计师推出的品牌——不论是D&G、Donna Karan、Céline和阿玛尼，还是Max Mara和Miu Miu——就没必要有各种细致入微的差别了。凸显身体的健康也许是时装的一大使命，但时装的抱负远不止于此，这种艺术形式不仅为女性提供着装，也为五花八门何谓有趣迷人的观点提供支持。在所有无穷的变化中，服装体现了一个人的价值观、道德感以及心理倾向，我们根据服装所传达出来的整体信息判断它们是“漂亮的”还是“难看的”。说某件外套是“性感的”，不仅是指穿这件衣服的人有可能生下充满活力的孩子，同时也表示我们认同这件衣服所诠释的生存哲学。

在任何一季，我们可以看到所有设计师的作品，并思考这些服装邀请我们从什么角度思考品德。比如，迪奥可能会通过设计表达出对手工技艺、前工业化时代以及女性谦逊美的礼赞；而Donna Karan可能会强调独立、专业技能和都市

/ 阿玛尼（左），D&G（右）。当我们说一件衣服“性感”时，
我们不只是说穿上它的那个人会显得健康，而且暗指我们喜欢那个人看待世界的方式。

生活的乐趣；阿玛尼则可能会主张个人的怪癖、恰到好处的幼稚，甚至表现左翼色彩的政治思想。

因此，性欲的激发是一个自我完全投入的过程。情欲代表了我们对一系列特定建议的赞同，这些建议指导我们该如何生活，其清晰程度令人吃惊。

第三节　娜塔丽还是斯嘉丽？

1.

在了解了性感背后这么多复杂的因素之后，我们仍然会感到困惑，显然，不同的人会对不同的事物感到兴奋。为何我们不可能都喜欢同一张脸或同一件衣服？为何我们的性品位千差万别？

进化生物学自信地宣称我们会被看起来健康的人所吸引，但它却无法解释面对同样的健康对象，我们为何会更喜欢这一个而不是那一个。

2.

要探究我们神秘的个人性趣味，我们不妨先从理解同样主观性很强的艺术品位入手。

艺术史学家们很早就困惑于一个问题：为什么人们会对不同的艺术家怀有如此强烈的偏好？即便是两位同样知名，也同样创作过许多佳作的艺术大师。比如，为什么有的人会喜欢马克·洛克斯，但却对卡拉瓦乔的作品感到本能的害怕？为什么有人对夏加尔不屑一顾，却偏偏崇拜达利？

对这一难题，德国艺术史学家沃林格尔于1907年发表了一篇论文《抽象与移情》，从中我们可以找到一些颇具暗示性的答案。沃林格尔认为，人的成长总是伴随着某些东西的缺失。父母或者环境造成的缺失会影响人的性格，而重要的是，这些缺失与缺陷正是决定我们艺术品位的关键，也决定着艺术品中哪些因素能吸引我们，或者哪些会令我们感到厌恶。

每件艺术作品都充满着特定的心理和精神氛围：我们会说一幅绘画作品是宁静的或不安的，是大胆的或谨慎的，是谦逊的或自信的，是阳刚的或阴柔的，抑或是小资的或贵族气的。我们对这些艺术特征的偏好反映了我们自己的心路历程——说得更明确些，就是反映了我们成长过程中留在我们身上的脆弱特质。我们对一些艺术作品如饥似渴，是因为其中的某些要素可以补偿我们内在的脆弱，帮助我们重拾健康

/ 我们究竟害怕或缺乏什么，才会赞叹这眼前的“美”？
圣普圣塞巴斯蒂安教堂正面，墨西哥塔斯科城。

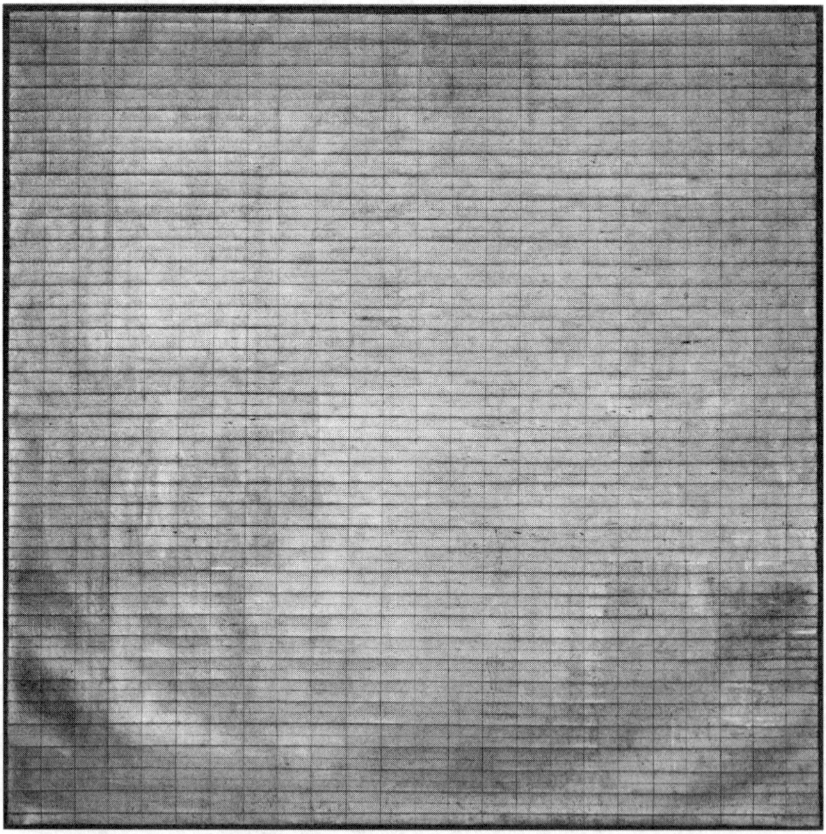

/ 艾格尼丝·马丁，《友情》，1963（上页）；卡拉瓦乔，《朱蒂斯斩首赫罗夫尼》，1599（上图）。两幅画都是美的，但我们必须缺乏某种特殊的东西才会偏好其中一幅。

完整的生命。我们渴望在艺术作品中找到自己人生中的缺失。我们称某件作品是“美的”，因为它能弥补我们心理上缺失的美德，而所谓“丑的”作品，必定是它激发的情绪或主题让我们感到威胁，或者是我们早就厌烦不已的事物。

3.

为了充实自己的理论，沃林格尔指出，个性冷静、严谨且遵守规则的人通常会喜欢那些充满激情和戏剧化的艺术作品，从而补偿他们干涸贫瘠的情感世界。我们可以预测，他们可能非常容易受到拉丁艺术强烈风格的感染，沉迷于戈雅的油画中那些阴暗的血红，以及西班牙巴洛克建筑变幻不定的风格。但根据沃林格尔的理论，同样大胆的美学形态却可能吓坏容易焦虑或激动的人，或者惹来他们的反感。这些神经质的人们与任何巴洛克艺术绝缘，他们只以宁静与有条有理的艺术作品为美。他们欣赏巴赫清唱剧中严谨的数学美，欣赏法式园艺的对称美，而极简抽象派画家艾格尼丝·马丁和马克·罗斯科笔下那种平静空荡的画布也可能会吸引他们。

4.

沃林格尔的理论令我们在欣赏艺术作品时自问，我们究竟在成长过程中缺失了什么，才会认为这件艺术作品是“美丽”的；而其中又有哪些因素可能会让某些人害怕，进而认为这件作品是“丑陋”的？至于我们为什么会觉得有些人性感，有些人却不，也同样可以用这个方法得到绝妙的解释。

性偏好与对艺术的偏好是一样的。天性中某些偶然因素，或者成长过程中一些特殊的经历，都会令我们在成人后陷入不平衡的状态，在某些方面表现突出，而另一些方面又有所欠缺——比如过于紧张或过于镇定，过于积极或过于消极，耽于幻想或笃信行动，以及过于阳刚或者偏于阴柔。于是，如果我们在一个人身上看到自己所欠缺的那部分品质，就会认为对方“性感”，而如果对方可能会使我们身上已有的特质走向极端，那我们就会感到厌恶。

我们以娜塔丽·波特曼和斯嘉丽·约翰逊为例。面对这两个外表看起来一样健康的人，受我们自身独特的心理状态的影响，我们可能会觉得只有其中一人才能引起自己的情欲。如果我们从小就因为父母的性格起伏又有些不靠谱而心灵受到创伤，也许会觉得斯嘉丽的容貌似乎显示出她有点太热衷于刺激与滥情。我们可能会从她的双颊上辨识出我们在自己

/ 斯嘉丽·约翰逊（左），娜塔丽·波特曼（右）。
为什么不是每个既健康又迷人的人都对我们有同样的吸引力？
为什么我们会有如此强烈的个人偏好？

身上早已熟悉的自恋倾向，尽管在这张照片中她的双眼看起来很安静，但明显很容易爆发出毁灭性的暴怒，这一点也是我们自己的倾向，并且实在不希望再进一步强化。

最终我们也许会更喜欢娜塔丽，尽管客观上她并不比斯嘉丽更漂亮，但她的双眼流露出的那种宁静，正是我们在自己神经质的母亲身上所渴望却总是得不到的东西。我们会被娜塔丽额头所呈现出的刚毅、雷厉风行的风格所吸引，因为我们深知自己永远不可能具备这样的特质（我们总是弄丢家门钥匙，对填报医疗保险单之类的东西也总是一筹莫展）。娜塔丽的嘴巴也是诱人的，所显示出的含蓄克己恰好可以和我们身上脆弱莽撞的倾向相平衡。

简单地说，我们可以根据自我心理的缺失来解释是受到娜塔丽还是斯嘉丽吸引，正如我们可以根据自己成年生活中的缺陷，来解释究竟是艾格尼丝·马丁还是卡拉瓦乔的画更能引起我们的共鸣。我们既需要性爱又需要艺术来令自己的人生完整，因此它们的互补机制如此相似也毫不奇怪。令我们找到的“美”与“性感”的细节，正代表了我们为了实现自我的重新平衡而渴望的事物。

The Problems of Sex

第二章　性的问题

第一节　爱与性

1.

让我们再设想另一个场景：来自德国汉堡的托马斯前往美国俄勒冈的波特兰出差，在那里他邂逅了珍。他们都是28岁，都从事电脑方面的工作。托马斯很快就喜欢上了珍。短短几天他对珍已颇为了解，她讲的那些业内笑话让他捧腹大笑，她讽刺式的政治分析和对音乐、电影的不俗品位也让他欣赏不已。尤其令他感动的是，他发现珍身上还具备非常温柔的特质：有次在晚饭后，她告诉他自己每天都会给妈妈通电话，即使在旅行中也会如此，还有她最好的朋友竟是她11岁的爱爬树的小弟弟。当有朋友向托马斯提起珍时，他坦承自己觉得她非常可爱。

她也很喜欢他，但喜欢的方式却完全不同。她渴望在自己的旅馆房间（皇冠花园酒店）里将他推倒在紫色床单上，然后跨坐在他身上。她想与他做爱，欣赏他脸上一副享受的表情。从他们初次相遇起，她的头脑中就不断幻想他半裸的身体摆出各种姿势的样子。最近的一次，她幻想在他们正在开会的会议室里做爱。但是除了在她的性幻想里充当各种角色，珍——这个值得尊敬的朋友、文明市民、未来的优秀母亲——毫无疑问从来没有把托马斯当作自己终身伴侣的候选人。她无法想象自己一辈子都要容忍这样一个喜欢小动物又热衷慢跑的男人。昨天晚上，她听他讲述的关于他祖母的冗长故事已经备感头痛了，据他说这位老人正躺在养老院里，连医生也不知道她得的是什么病。如果有机会上床，珍打算再也不想见到他了。

2.

这两个人所面临的困境是我们这个社会的通病，直到现在我们这个社会也没有办法告诉我们，该怎样清晰表达出爱与性这两种常常存在分歧的渴望。我们转弯抹角地谈论自己真正想要什么，用各种借口掩饰真正的需求，渐渐地我们惯于说谎，让别人心碎的同时，自己也会在夜里充满悔恨和伤感。

人类的发展还没有达到这样的阶段：珍可以坦白地告诉托马斯，她只想与他做爱，仅此而已。对绝大多数人而言，这样的告白非常粗鲁（甚至是野蛮的），兽性且粗俗。

然而，托马斯同样无法诚实地说出自己想要的东西。因为他的渴望在珍身上找到爱情，会让自己看起来感性而脆弱。他不敢跟她坦白地说“我想爱你，并用我的一生温柔地守护你”，这与她不敢坦白地跟他说“我只想在旅馆里与你做爱，然后彻底甩了你”一样，都是他们情感世界的禁忌。

为了争取哪怕是一分的成功机会，珍和托马斯都必须掩饰内心真实的欲望。珍必须小心，以免被托马斯发现她对他只有性欲，而托马斯也不敢开口表达爱意，惟恐把珍吓走。两个人都盼望着自己不必明确表达内心的愿望，但最终能够达到自己追求的目标。这种模棱两可的做法通常只会导致相互背叛和期望落空的后果。追求爱情却只得到性爱的那个人会觉得自己被利用了；为了性爱而必须假装坠入爱河的另一个人，如果因此被迫与对方厮守，则会产生受困的感觉，但要是设法逃走，又会觉得自己卑鄙可耻。

3.

我们的社会如何才能使托马斯和珍——以及那些跟他们一样的人——收获更好的结果？首先，我们应该认识到任何需求都不占据道德优势：想要爱多过想要性，或者反过来，想要性多过想要爱，都不意味着“更好”或“更坏”。这两种需求在我们的情感和欲望清单上都应占有一席之地。其次，社会应该保证我们能够自由地表达这两种需求，而不必担心受到道德批判和良心上的谴责。我们要解除捆绑在这两种欲望之上的禁忌，以便最大限度地降低掩饰它们的必要性，进而减少它们所带来的心碎与自责。

如果获得性爱的唯一方法就是假装陷入爱情，有些人就必定靠撒谎来达到目的；相应地，如果找到长期伴侣的唯一方法是放下身段，毫不在意与刚认识不久的人开房一夜风流，那么有些人很可能在第二天早上深陷遭人抛弃的痛苦。

现在已到了赋予爱与性这两种需求以同等的地位，不再附加道德色彩的时候了。这两种需求均独立存在，它们具有同等的价值与正当性。我们不应该再通过撒谎来满足这两种需求。

第二节　表白被拒

1.

当我们心仪的对象对我们说——通常他们会用一种甜美

得令人心碎的语气——他们其实只是想和我们做朋友，这在我们听来，无异于证实了我们内心隐隐存在的一种恐惧：我们不过是可怕丑陋、令人退避三舍的怪胎——简单点说，我们就是现代社会的象人[①]。遭到拒绝之所以让人深受伤害，是因为我们不仅视此为对我们外貌的否定，而且是对我们整个自我的否定。再进一步说，它否决了我们存在于这个世界上的权利（到了这个境地，我们只有沉湎在巴赫或科恩的音乐里抱着枕头痛哭的份儿了）。

2.

在本书的前半部分，我们重点论证了，我们对别人的性欲虽然看似肤浅，实际上却代表了我们对那个人的内在自我所怀有的深刻理解与欣赏。现在，我们要针对这一点做进一步详细探讨，以便在表白遭拒之后仍然能够维持自己健全的心智。

我们不必把表白遭拒看作一个明确的信号，认为对方已经看穿了我们的灵魂，并厌恶我们的所有方面。真实的情况往往非常简单，也没那么残酷——不知为什么，这个人就是

① 原意指长相畸形的人，这里引申为与普通人不一样的另类。

对我们毫无兴趣。让我们感到欣慰的是，对方的这个决定是潜意识里自动的反应，并且不会改变。他（或她）之所以拒绝别人，并不是有意要伤害对方，而是别无选择。我们无法决定什么样的人会激发我们的情欲，就像我们不能决定什么口味的冰淇淋、什么风格的绘画是我们的最爱一样。

在被拒之后的尴尬时刻，我们只要回想自己对其他人的态度就可以释怀：比如，某人也许亲切又单身，总是对我们很好，但我们就是很难有跟他在一起的欲望。我们并不讨厌这些不幸的家伙，我们也很希望能与对方上床，并且真心觉得对方讨人喜欢，但我们性欲的指南针却有它自己的想法，无论如何也不会调整自己的方向。

3.

被拒绝会带来痛苦，是因为我们习惯于将遭到拒绝解释为一种**道德评判**，但它可能更适合被当作一个单纯的**偶然**事件。只要我们能够把那晚不成功的求爱当作“点儿背”，我们就可以试着从悲痛中走出来。

人类对天气的认知史有助于我们理解此类事件。在几乎所有的原始社会，人们都将坏天气视为上天的惩罚（比如暴风雨，它毁坏庄稼，摧毁房屋），神明发怒了，因此人类理应受罚。但渐渐地，现代气象学帮助我们从这种不正确的和有害的迷信中解放出来。我们现在知道，暴雨不是上天的惩罚，它不过是海洋和山脉的大气条件相互运动所造成的结果。走霉运，跟我们自己的所作所为没什么关系，田地被淹、桥梁被冲垮，都是无法预测的偶然灾难，我们实在没必要将大雨肆虐的罪过加在自己身上，那只会在原来的灾难上增添不必要的恐慌而已。

如同我们学会怎样看待天气变化一样，一旦别人表明无意与我们进一步发展关系，我们应该明白这也只是一个客观事件而已。我们无法选定自己想和什么样的人上床；科学研究和精神分析已经明确指出，在我们的意识还没来得及发表意见之前，这方面的决定早就由某些隐藏的力量为我们做出了。

总之，尽管我们在深陷痛苦的时候可能会觉得这点难以置信，然而，有时候别人的“拒绝”只是单纯的“拒绝”而已。

第三节　性冷淡

性欲减退

1.

且让我们设想这样一对夫妻：黛茜和吉姆。他们结婚七年了，育有两个小孩，分别是两岁的玛丽和六岁的威廉姆。在某个周末的晚上九点半，在伦敦南部的一间卧房里，他们正躺在当年的婚床上，黛茜在一边，吉姆在另一边。电视里正在播放一档旅游节目，介绍意大利和那里的美食。黛茜并没留心看，她正在对着小镜子用一把镊子修理自己的眉毛。黛茜的眉毛长得很快，吉姆很欣赏这一点，并迷信地认为这是她性欲旺盛的象征。

黛茜刚洗完澡，此刻她慵懒地靠在床上，胡乱裹一条白浴巾，胸前春光乍泄。在他们刚开始恋爱那会儿，吉姆成天幻想着这对乳房，当他第一次得以吮吸那对迷人的乳房时，他都眩晕了。然而如今，黛茜的乳房平静地摆在他眼前，和她露出来的手指和脚一样丝毫没有引起吉姆的注意和兴奋。归根结底，性欲压根儿跟裸露没有多少关系：性欲其实源自于一种相互间挑逗撩拨的呼应，两个人就算是赤身裸体地躺在床上，也可能根本感受不到这种呼应；而相反，就算两个人裹着厚厚的滑雪服，被手套和帽子包裹严实，也可能在搭乘升降机上山去滑雪的狭小空间里感受到情欲的翻腾。当电视里主持人盛赞着开心果羊角面包的美味时，这张婚床上裸露的一幕就如同波罗的海裸体沙滩一样，赤裸的身体令人无动于衷。

电视节目结束了，黛茜收好自己的工具。吉姆探过身子，握起她的手轻轻抚摸着。他们俩再没有进一步的行动。对一个不经意的旁观者而言，这一幕没有什么奇特之处。但它的背后却有着重大的意义：吉姆这是在向黛茜求欢。

按理说，长时间稳定的伴侣关系或婚姻关系，自然应当保证我们不再有设法引诱别人上床的焦虑。然而，这两种男女结合的关系虽然在理论上保证了性爱随时可得，但在实际上既不会赋予性爱天然的合法性，也不会让求欢变得更加容易。此外，在理论上性爱随时可得的背景下，拒绝对方的求欢可能会被视为违反基本规则的严重行为。毕竟，在酒吧里被刚认识的人拒绝，并不会特别令人感到意外或难过，我们有很多办法应付这类窘境。然而被一个对我们承诺共度余生的人拒绝，这不仅让人觉得奇怪，而且让人备感受辱。

如今，距黛茜和吉姆上次做爱已经过去整整四个星期了。在这漫长的一个月里，英国冰冷的冬天已经过去了。风铃草发芽了，小知更鸟开始尝试飞行，蜜蜂也在伦敦各处的花床开始了不知疲倦的工作。尽管看起来这一次的无性生活间隔很长，但事实上，对这对夫妇来说，这样的情况并不陌生：上一次的间隔有六个星期那么长，再上次则有五个星期……对于做爱，吉姆甚至养成了一种牢记日期的习惯。在前一年里，他与妻子总共不过才有九次性生活而已。

对吉姆而言，这些统计数据似乎象征着耻辱，反映了他的自我当中某些本质的方面。部分地说，这无疑令他感到自尊心受伤，但是从更广泛的文化角度讲，这也是对现代文明的挑战——近代社会便开始强调欲望的解放，人们再也不必用不合身的衣服掩饰自己的身体，也不必担心意外怀孕，并且认为性爱是一种充实情感的无害的休闲活动。

吉姆感觉无法跟任何人谈论他与妻子的性生活状况。跟朋友聚会时也没有什么机会好让他将如此严肃却又如此微不足道的事情和盘托出。

“你一定是想睡觉了，”他这样跟她说道，其实他真正想说的是，“求求你表现出你想要我。”

“我今天起早了。”黛茜懒懒地回答道——以他三十九年的心理成长史，吉姆把这句话理解为：“你真令我烦透了。”

他们关了灯，安静地并排躺在床上。吉姆可以听到、感觉到妻子翻了好几个身想找一个舒服的姿势，最终，她转过去蜷着身子，背对着他。屋外很吵——汽车的喇叭声，野猫的叫声，偶尔几声尖叫，夜生活归来的人们的笑声——但在吉姆的内心深处，却回荡着沉闷的伤心绝望。

2.

首先，也是最单纯的一点是，在一段已经稳固的两性关系中之所以会出现性冷淡，基本上是因为双方没有成功地调整身份，来应对日常生活与情欲生活的需求。我们在性爱当中要求表现出来的特质，与我们在日常生活中的大部分活动所需的特质形成了强烈的对比。婚姻——即使不是立刻，也会在接下来的几年内——将我们卷入繁琐的家务劳动和生儿育女的辛苦当中。婚姻生活就像管理一家小型公司，需要许多同样的经营和管理技巧，包括时间管理、自我规范、树立权威以及强制不听话的家庭成员遵守规矩。

相反，性爱却强调激情、想象力、趣味性和失去控制，它本质上就是要打碎这些日常的陈规陋习，冲破自我的禁忌。一旦我们顺应自己的欲望，它就将引领我们突破或者至少偏离那些日常的行为规范。我们逃避性生活，不是因为它不再有趣，而是因为它带来的片刻欢愉会腐蚀我们对抗接连不断生计压力的斗志。节制性欲因此可以与登山运动员以及长跑健将的某些做法相类比：在征服一座高山或参加一场马拉松比赛之前，他们不会允许自己沉溺于那些抒情陶醉的氛围里，就像沃尔特·惠特曼或丁尼生的诗所描绘的那种情调。

性爱也会改变和威胁我们与另一位家务管理伙伴的关系。因为求欢要求一方向另一方揭露自己看似羞耻的性需求，从而呈现脆弱的一面。平常我们讨论的都是实际的话题——比如该买什么样的家电、明年到哪里去度假，而求欢却要求我们必须提出较具挑战性的要求——例如要求我们的伴侣翻过身，装成一个柔顺的小护士，或者穿上长靴呵斥我们。为了满足自己的性欲，我们不得不提出在其他情境下显得荒诞不经的要求，以至于最终我们却宁愿不让对方看到我们的另一面，毕竟日常生活中还有太多的其他事务必须仰赖对方共同处理。

常识性的爱情观念通常认为两情相悦是让人表达性欲的理想情境——一旦我们在众人的见证下互订终身，我们就无需因在那人面前显露自己怪异的性趣味而感到不安。然而对于究竟是什么令我们感到安全，人们其实存在错误的理解。在一个我们不必在未来三十年天天一起共进早餐的人面前，我们也许更能心安理得地戴上橡皮面具，或者扮演一个乱伦的淫贼。

把人群划分成互不关联的“可以相爱的”跟“可以做爱的”两类，看起来是一种男性特有的行为，但实际上，女性在这方面也绝非那么无邪。“贞女 / 荡妇”的二分法与同样普遍的“好男人 / 恶棍”情结正是同样的类比，尽管女性理论上更喜欢将友好、体贴和健谈的男性作为理想的伴侣，但同时又无法抗拒那些一心只想风流快活的坏男人所具备的性魅力。“荡妇”跟“恶棍”的共同之处，就在于他们不会投入情感，也不会留在我们身边，所以不会充当我们在性方面脆弱与古怪特性的永久见证人和唤起者。性爱是一种太过私密的活动，有时确实不适合与我们相当了解并且整天见面的人一道进行。

3.

西格蒙德·弗洛伊德对此有更深入的思考。他开创性地指出，大部分人与长期伴侣之间产生性冷淡这一问题的背后有着更复杂的深层原因。在 1912 年写的被冠以华丽标题的论文《论爱的领域中普遍降格的倾向》中，弗洛伊德概括地描述这个经常令他的病人痛苦不堪的性爱困境："他们对所爱的人没有欲望，对于让他们有欲望的人却又没有爱。"

根据弗洛伊德的推测，我们的性生活将不可避免地逐步被两个与我们的成长密切相关的因素所摧毁：首先，在儿童期，我们学习爱的对象是社会禁忌绝对禁止与之发生性关系的人；其次，等我们长大成人，我们选择的所爱对象在一些重要方面常常与我们在儿时最钟爱的对象相类似（尽管这是潜意识的行为）。受这两股力量的影响，我们越是爱上家庭成员之外的某个人，就越会不自觉地被唤起儿时与所爱的家人的亲情，如此一来，我们更难向对方自由表达我们的性欲——这真是一道无解的难题。乱伦禁忌只是为了避免近亲繁殖可能带来的遗传危险，而最终，它却使我们丧失了与毫无亲属关系的人享受性爱的快乐。

在生育多个子女之后，乱伦禁忌在夫妻关系中再现的可能性会大幅提高。在孩子出生之前，在青春、时尚的衣着、夜店的喧嚣、旅行以及酒精等自然催情因素的刺激下，我们会暂时忘记自己选的爱人乃是潜意识里基于父母的原型。但所有这一切随着走廊里出现的婴儿推车而烟消云散。我们表面上也许还清楚地知道自己不是伴侣的父母，但随着我们每天都花大量时间扮演“妈妈”和“爸爸”的角色，在潜意识里这种认知就会越来越薄弱。家庭生活中，尽管我们并没有直接将对方当作自己的孩子，但确实会经常见到对方有这方面的表现。因此，当孩子睡着之后，夫妻双方仍然会不自觉地呼唤对方为“妈妈”或“爸爸”——弗洛伊德对这种无意识中透露出来的真实意义最感兴趣——而且语气也可能出现混淆，跟他们平日里教训小孩子时同样严厉。

在这种情况下，伴侣双方很难把握这个明显却又难以捉摸的事实：他们双方的地位对彼此而言其实是平等的，而且无论与父母发生性关系的想法多么令人反感，其实这并非他们真正会面临的危险。

4.

一旦男人或女人放弃一段长期稳固的伴侣关系，转而投入年轻新欢的怀抱，他们的行为常常被视为可悲的，动机只不过是寻找已经消逝的青春。然而，潜意识的深层原因或许更加令人心碎：喜新厌旧只是为了摆脱父母亲的阴影。他们的伴侣似乎完全融入那阴影当中，以至于他们再也无法与对方共享亲密的性生活。

然而，一旦性陷入性禁忌的泥潭中，摆脱的办法显然不是再另外找个人从头来过，因为一旦和新的伴侣建立起稳定的关系，对方终究还是会再次转变为父母的形象。我们需要的不是一个新人，而是以新的眼光看待熟悉的对象。

那么我们如何才能做出最有效的改变呢？答案或许可以在某种特定的性行为中找到，这种性行为可能只对极少数人具有吸引力，但它背后的道德教训却适用所有的长期关系。

有一些伴侣乐意挑选一个陌生的第三者，并与他们中的一个做爱，而另外一人则在旁观看。扮演偷窥者的那一个自愿放弃自己的地位，通过观看自己的伴侣受人引诱而体验到情欲快感。

这并不是一种利他性的行为。进一步看，邀请陌生人的加入其实是有特定的目的的，那就是让偷窥者重新意识到自己伴侣的诱人之处。偷窥者把这位陌生人的性欲当成一幅地图，借此找回被例行公事式做爱所早已阻隔的，自己当初对伴侣怀有的欲望。通过陌生人的代理做爱，偷窥者就有可能对已经相守了二十年的伴侣感到犹如初夜般的兴奋。

这种做法的另一个方式，就是一方为另一方拍下裸照并上传到专门的网站上，向全世界观众寻求坦率的评论。

传统、嫉妒和恐惧的强大力量足以阻止这样的事情流行起来，但它们向我们清楚展示了特定的认知机制，我们应该聪明地把这种认知机制整合到所有的关系当中。解决长期性冷淡的一个有效方式，就是尝试像从来没有见到过那样看待我们的爱人。

当然，一个不那么危险也不那么戏剧化的方法是不时地在旅店中过上一两夜。通常，我们之所以无法注意到伴侣的情欲，是因为我们常常身处日常生活一成不变的环境之中。

/ 如果地毯总是一成不变，我们将很难做爱。伯悦酒店，东京。

一成不变的地毯，一成不变的卧室、家具，均会令我们缺乏性欲，因为家居环境引导我们依据伴侣在这个环境中所表现出的态度来看待他们。这些实体背景因为在其中从事的活动（比如吸尘、喂奶、晾衣服、填写税单）而沾染上永恒的特定色彩，进而把这些活动的情绪反映在我们身上，由此隐约地阻止我们有所演变。家具本身从不做改变，所以它们也"坚持"令我们不去改变。

如此，旅店便在形而上的层面上获得了它的重要性。它的墙壁、床、舒适而精美的椅子、完善的客房服务项目、有线电视，以及小而精致的肥皂，这一切不仅仅是在满足人们对奢华的追求，同时也鼓励我们找回失散已久的性欲自我。与爱人共同浸入一个陌生的浴缸，没有什么比这更刺激的了。我们会开心地再次体会性爱，因为在家居环境中我们被迫扮演的饮食男女的角色背后，我们重新发现了最初将我们联系在一起的情欲特征——只要两条浴巾、一个盛水果的小篮筐和陌生而新鲜的窗景，这些审美知觉足以激发我们美好的性欲。

5.

为了进一步探讨该如何再次激发伴侣间的情欲，我们或许会发现画家作画这种方式具有一定的启发性。尽管看起来情侣与画家不同，但事实上，他们面对的是相似的人性弱点：我们很容易对日常世界中习以为常的东西感到厌烦，并且我们认为任何熟知的事物都毫无趣味可言。我们总是对那些新奇的、低俗的、浪漫的、戏剧化的或者光鲜的东西兴致盎然。

然而，伟大的艺术作品却有一股神奇的力量，它能够激发我们对习以为常的事物产生新的看法，它能够揭示出那隐藏在日常外表下面的新的、被忽略的或者未被发现的魅力。在这样的杰作面前，我们会感到平凡的事物被重新照亮，我们被其中的美所震撼。夜晚的星空，夏日里随风摇动的树木，打扫庭院的孩子，或者美国某个大城市里一家普通餐馆里晚餐的场景——这一切普通的日常生活在艺术的世界里不再是沉闷和显而易见的主题，而是呈现出了令人愉快、发人深思的光晕。艺术家通过绘画呈现出日常风景表象之下的深刻、意义和趣味，通过这一艺术形式，我们将改变之前对事物熟视无睹的态度，尝试借助约翰·康斯坦布尔、托马斯·庚斯博罗、杨·维梅尔和爱德华·霍普等艺术家的眼睛重新打量这个我们身边的世界。

在19世纪的法国，除了厨师、美食家和农夫之外，可能没有人会发现芦笋的特别之处——也就是说，直到爱德华·马奈于1888年画了一大捆芦笋之前，人们并没注意到这种春季常见蔬菜有什么特殊之处。无论马奈的绘画技巧有多么了不起，他的这一幅画之所以有如此震憾的效果，并不是他“发明”了芦笋的魅力，而是他“提醒”我们芦笋所具有的特质——这些特质我们原来就知道，只不过被我们熟视无睹的眼光所忽视。在我们仅仅发现一捆无聊的白色植物的地方，艺术家却发现并再造了激情、色彩和个性，把这种稀松平常的东西转变成崇高的绘画对象，而我们也可以通过这一提升重新体会人生的补偿。

为了将一段长期关系从自满与无聊中摆脱出来，我们可能需要学习马奈绘画芦笋的方式，以巨大的想象力转变我们看待伴侣的眼光。我们要尝试剥去日常事物上陈旧而又平庸的包装，发现其中真正存在的善与美。我们常常看到伴侣推着儿童车，教养孩子，对着电费账单发火，习惯看着他们疲惫不堪地下班回家，但我们可能忘了，在这一切表象的背后，对方仍然存在着冒险精神，有着冲动、顽皮、机敏以及充满活力的一面。

6.

但是话说回来，如果我们尝试过这些解决办法却发现没什么效果，如果我们与长期伴侣的性生活依旧次数很少并且乏味无比，那我们是不是就应该感到震惊、愤怒与痛苦？

现代社会总是倾向于为我们的挫折心态寻找存在的理由：任何不能百分百满意的事情都被视为带有妥协和失败的味道。与长期伴侣经常且满意地做爱在现代社会看来是正常的，而做不到这一点则被视为不正常的。自20世纪后半叶兴起于美国的性治疗行业就付出大量努力，让我们确信婚姻生活需要持久的性欲方能维持活力。威廉·马斯特斯和维吉尼亚·约翰逊这两位性学先锋率先提出一个大胆的观点，认为每一对已婚夫妇均应该享有美好的性生活。在其畅销书《人类性机能失调》中，他们系统地指出夫妻双方在追求美满性生活的无尽道路中可能遇到的所有性问题，并逐一对症解决。这些性障碍包括：阴道痉挛、性高潮障碍、性交困难、射精障碍以及身体老化等性问题。

马斯特斯和约翰逊在书中配备了清晰的图表，并用生动

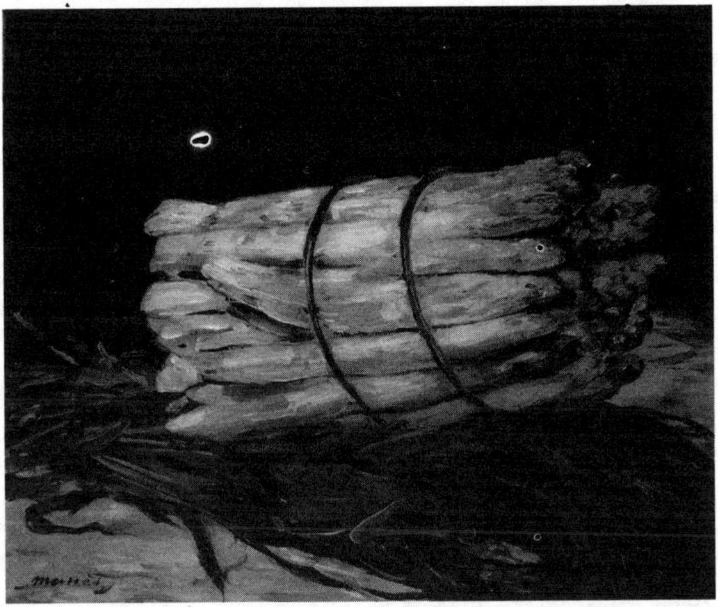

/ 通过学习马奈对芦笋的艺术表现，我们可以反思长期伴侣关系中的许多问题。
爱德华·马奈，《芦笋》，1880年。

亲切的语言提出了各种可供夫妻双方实践的方法。今天读来，他们冷静的文风仍然显示出无畏的勇气，并以独有的方式给读者留下深刻的印象，勇敢地揭露了人类默默承受的一些痛苦。比如，在应对一个自古以来就存在的性障碍问题上，这两位作者提出了一个有效且相当具有同理心的方法：

> 治疗射精障碍的第一步是让他的妻子用手强行帮他射精。这也许需要数天时间才能达到目标。其中最重要的是夫妻双方牢记一点：欲速则不达。

当这类事情能够写成文字，并且两个成年人在等孩子们上床睡觉之后，能够平静、坦率、从容地探讨这类问题，毫无疑问这反映了文明的进步。

然而，将不能经常进行正常的性生活视作病态的这一态度本身也是值得探讨的，甚至就是病态的。我们难道不能将这个问题倒过来看：已婚夫妇出现持续的性欲减退、性生活频率降低，并不代表双方的感情出了问题，而只是一种再自然不过的生物现象，甚至恰恰反映了这对夫妻完全正常？拒绝承认这一点，就好比认定我们永远不可能拥有幸福。既然完美的性生活少之又少，我们一再坚持经常过性生活才是常态难道就是正确的吗？如果性爱与婚姻能够和谐共存，那自然是最理想的状态，但一味期盼于事无补。因此，调整我们的期望，不再认为所谓的“性爱失调”是一种病态，不再令所谓的“性爱失调者”感到羞辱，有时我们在床上也需要转身面对另一侧，心平气和地接受长期的爱情关系所造成的必不可少的妥协，这难道不也是一种智慧吗？

不举

1.

一般来说，承认自己不举会比承认自己坐过牢要难得多。没有什么比不举更能令一个男人蒙羞、让一个女人受辱的了。不举被视为一种掺杂了道德内涵的生理机能障碍，它是对男性尊严和力量的无情嘲讽，也似乎是对女性伴侣人格和相貌的双重否定。人类面临的痛苦有很多，但没有什么痛苦能比得上不举，女方在床帏之下诱使良久也无法令男性勃起，这是多么可悲的事情。这种时候，甚至自杀也不是难以想象或者不理性的行为。

不举真正的问题并非性爱过程中没有快感（如果要追求快感，这可以通过自慰来得到补偿），而在于性伴侣双方的尊严受到了打击。不举之所以被视为一场灾难，原因在于人们对“软弱”的理解。

然而，在本书接下来的论述中，我们将指出人们对于“不举”的理解完全错误。如果我们能客观公正地面对这个问题，那么我们不但不会为偶尔因心理因素而导致的不举感到沮丧，而且相反，我们甚至会因此而感到自豪。

2.

首先我们应该梳理一下不举的历史，这个话题实在值得写成一部严肃的学术专著。

尽管缺乏确切的实证经验，但我们不妨大胆地做如下假设：原始人类很少会受到不举的困扰。早期的原始人类，比如居住在法兰西大陆中部黑暗潮湿的山洞里的原始人，或者居住在大裂谷底部闷热逼仄的茅草棚里的原始人，他们每天要花大量时间去寻找食物、躲避野兽、缝制衣服以及跟其他族群相互交流，但是，做爱对他们而言是小事一桩，因为这些男性猎手一早起床时大概从来不会想到这样的问题：他们的伴侣在晚上是不是有心情跟他们做爱，或者会不会看到私处就感到反感或厌恶，还是只想坐在火堆前过一个平静的夜晚。理性和体贴还没有阻碍原始人的本能冲动——在西方，这种情况持续了好几千年，直到古典哲学和犹太—基督教道德思想自耶稣死后用数个世纪渗透进普通人的日常生活，一切才宣告结束。不举的发生与一条道德上的清规戒律有关（这就是“己所不欲，勿施于人”），这导致我们的同理心越来越强烈，我们开始倾向于想了解对方会有什么感受，继而对对方不满于我们具有侵入性或不当要求的抗拒有所认同，于是不举这种令人苦恼的情况就这样奇怪地发生了。

于是，除非最没有自觉的人，几乎我们每个人有时都会觉得自己的性欲在别人看来是多么令人作呕，多么有违常理，我们的肉体显得多么怪异且多么令人讨厌，以及我们的爱抚多么令人抗拒，于是，我们在引诱别人上床时，不得不如此的谨小慎微。我们的想象力越丰富，我们担心冒犯别人的疑虑就越强大，以至于即使正当的性爱也无法进行，此时，男性便无法勃起。人类文明尊重人权，注重体贴和善的心态，而且有繁复的道德观念，却无意之中让人类深陷性爱失败，这正是人类文明本身造成的结果。讽刺的是，爱与温柔的能力大大提升，却令我们变得过于敏感，而不敢找别人和我们去做爱。

毫无疑问，文明为两性关系带来了很多好处，包括增进两性间的理解与交流、平等的精神、在家务劳动中更公平地分配各自的工作。然而，我们不得不承认，文明也令我们——或者至少令男人们——更难以享受性爱。现在，我们都知道自己绝不可以顽固坚持，绝不可以粗鲁地强迫对方满足我们的需求，绝不可以为了自己的需要和欢愉而将别人当作简单的泄欲工具。

我们的犹豫与害羞也许立意良善，也可能建立在最善意的冲动上，却可能使得我们错失了真正的机会。偶尔，我们会遇到一些人，他们不但对我们想要立刻享受激烈性爱的欲望不感惊恐，甚至对我们最极端的情欲表现也毫不嫌恶。然而，这些人仍然要求我们勇敢地跨出第一步，因为他们虽然可能也想要享受性爱，但需要别人提醒他们这一点。也许他们脑子里尽是一些理性的问题，或者纠结于日常事务，唯有外来的干预才能唤起他们充满情欲的自我。要想打破羞怯的枷锁，其中的一方必须克服冒犯对方的恐惧，冒险到底，也许就在对方起初的困惑与勉强之后，性爱就会展现出它多彩的魅力。

所以，就算是最柔情、善意和体贴的性爱，在最初的求爱过程中，有时候也会显得横行霸道，完全不顾及对方的感受与需求。

3.

如上所述，不举归根结底是尊重对方而造成的症状，是害怕自己的欲望强加在对方身上引起对方的不快，或者害怕自己无法满足对方的需要而造成的结果。那些治疗勃起障碍药物的流行，正说明了现代男性多么渴望有一种可靠的机制，能够据以无视我们内心存在的那种微妙、细腻而又文明的生怕自己会令别人失望或不快的担忧。

发起一场公共运动也许是一种较好的，并且不需要药物的应对办法，比如用到一系列告示牌，或者在时尚杂志上做整版广告，让男男女女都能够认识到，男人的所谓“神经质”不但不是什么问题，反而是一种值得珍视的资产，恰恰反映出男性身上所具有的历经演化的高度的善。担心让别人觉得自己恶心、可笑或令人失望，这首先是道德的象征。不举乃是道德想象力集成的结果，于是在未来，男性或许会学会用不举来彰显自己的心灵深度，就像今天我们会躲在浴室里偷偷吞食伟哥，以此来证明自己雄风永存。

怨恨

1.

现在，让我们回到黛茜与吉姆的故事中，也就是那对在伦敦南部有一个月没有性生活的夫妇。黛茜不愿在关上电视熄灯之后与丈夫做爱的原因是她对他很生气，不过，吉姆要是知道这一点，一定会相当震惊——事实上，这对黛茜而言也一样。表面看来，她一整天都相当平静。就在几小时前，两个人刚刚吃了一顿非常礼貌的——表面上相敬如宾的——晚餐，席间她没有一句抱怨，也没有显示出自己有什么苦恼。此外，当她躺在床上，她也不觉得自己对吉姆有什么愤恨和嫌恶。她甚至压根儿没有想到他；她只是感到有一丝伤感，想要一个人待着，而且对自己第二天必须完成的许多工作感到烦恼。

通常人们将脸红、提高声调和摔门等信号解读成愤怒，但愤怒也常常以完全不同的方式表现出来，当它无法做到自我理解或承认时，它就会凝结成麻木。

有两个原因使我们忘记我们是在生对方的气，进而导致我们麻木、忧郁，甚至无法与之做爱。第一，由于激怒我们的特定事件发生得不明显，速度太快，而且又是在混乱不堪的情景下发生的（比如，在送孩子上学前的早餐桌上，或者在午餐空当顶着风在广场上打手机时），以至于我们无法确定对我们的冒犯从何而来，因此也就无法很好地提出应对方案。箭已发射，并伤到我们，但我们却看不清它从何而来、如何而来，而我们自我保护的盔甲早已伤痕累累。第二，就算我们很清楚一切的来龙去脉，通常我们也不会将愤怒表达出来，因为令我们生气的事情大多是非常小，非常琐碎的，不值一提，如果说出来，会显得我们相当可笑。即便我们对此仍旧耿耿于怀，但自己也会感到不好意思。

比方说，如果伴侣没有注意我们的新发型，或者他们切面包不用案板，把面包屑撒得到处都是，或者，他们下班回来直接上楼看电视，而不停下来问问我们今天过得如何，这些都会让我们感到恼怒。但这些事情看起来都不足挂齿，如果抗议说“我生你的气了，因为你切面包的方法不对”，这听起来让人觉得很不成熟，不够理智。这样的牢骚或许确实不成熟不理智，但既然人类总体来说是不成熟不理智的，那么我们最好也就不必要执迷于自己的理性，进而遭受折磨。

所有的情感关系中都不乏类似这样的争吵，而涉及的主题在局外人看来又显得如此微不足道和有悖常理。归根结底，这都是内心的渴望在作祟。爱上一个人，意味着期望对方成为我们心目中理想的对象，要求对方在无穷无尽的活动中都要表现得完美，从最重要的方面（比如教养子女或买什么样的房子）到最小的小事（比如沙发摆放的位置或星期二晚上该怎么过）莫不如此。爱情生活中，我们心目中的理想形象难免遭到背叛，因此我们常常感到痛苦或恼怒。一旦我们卷入一段关系，那么就算再小的事情也不是小事了。

平日里只消一周的时间，夫妻双方就可能遭受彼此大大小小的几十次伤害，然而他们却对此浑然不觉。这些伤害造成的明显后果，就是双方的关系以近乎难以察觉的方式渐渐冷淡，而最重要的是，一方或者双方不再愿意与对方发生性关系——因为性爱这种礼物很难在我们恼怒的情况下赠予，尤其是我们甚至还没有意识到自己已然心怀怒意。

这种情况往往会变得越来越糟糕。无意中伤害对方的那个人会在性方面遭到惩罚，结果导致向对方施加更多的伤害，这些伤害要么不可理喻，要么不好应对，从而引发对方进一步的暗怀敌意以及拒绝求欢。

最终，即使当事人都是宽容理性的人，在别人看来是可靠的同事、亲密的朋友、社群的支柱，也难免会发生这样的冲突：

吉姆：你**永远**都不打算跟我做爱了，是吧？

黛茜：不，不是，我只是现在没兴致。

吉姆：每次你都这么说。

黛茜：我**没有**。我只是不想被强迫。

吉姆：我不是在强迫你！

黛茜：你是，你是在强迫我！

吉姆：我真怀疑你是性冷淡了，你不是吧？

黛茜：我也觉得你很讨厌。

吉姆：好吧，我睡隔壁好了。

黛茜：好呀。我才不在乎呢。

这一幕在世界的任何角落都会发生，随时有几百次，甚至几千次同样内容的对话出现，尤其是发生在全球最有优势的地区，那里没有战争威胁，没有经济危机，商品货源充足，人们安居乐业，一切欣欣向荣。生命因此遭受的浪费实在惊人，因为不管双方是如何冒犯对方，他们其实却可能真心相爱，只要他们破解了造成自己如此生气的原因，他们就有可能善待对方。

2.

其实我们人类对这个问题的思考由来已久，现在我们非常清楚是什么令夫妻双方相互诋毁，是什么令婚姻关系最终破裂。造成这些结果的原因在诸如《夫妻手册：和谐婚姻的技巧与方法》这样的心理指南中有深入的探讨（这本书由两位英国心理治疗师杰拉尔德·维克斯和斯蒂芬·崔特编写）。

尽管书本中有各种各样的信息可供读者参考，但在危机时刻我们仍会慨叹书到用时方恨少。我们缺少客观中立的旁观者可去请教，也没有屡试不爽的灵丹妙药。我们学习到的这些知识停留在智力层面，难以据此付诸实践。我们之所以对困境束手无策，是因为这些令人失望的事情发生得太快，我们无法令时光暂停甚至重新来过，无法超然事外，不再纠缠于相互指责，而是把注意力放在识别出造成我们受伤害和恐惧的真正来源。

在比较理想的状况下，吉姆和黛茜不应该再进一步互相指责，而是应该按照杰拉尔德·维克斯和斯蒂芬·崔特的建议，在一间安静的房间里坐下来，努力回想双方走到目前这种地步的每个过程。只要肯花时间和努力，他们将逐渐认识到彼此的敌意其实是在他们儿时情感模式遭到扭曲而形成的人格的影响下造成的。

理想状态下，所有的夫妇都会每周接受一次心理咨询师的探访，他们甚至用不着主动去寻求这种服务。这种探访就像普通人日常的一项正常活动，好比犹太人每周五晚上的家庭聚餐一样，并且同样具有宣泄情绪的功能。最重要的是，夫妻双方都不会因为接受心理治疗而招来其他人异样的眼光——这恰恰是人们忽视心理治疗，结果慢慢失去理智的主要原因。

理想的治疗师会检视患者的情史，探究当前的紧张状况，并且充当促使患者做出某种改变的催化剂——这种改变是接受心理治疗的夫妻因为太软弱、太忙碌或者太烦乱而无法自行完成的。治疗师会告诫患者，夫妻间任何微小的交流都是有意义的，有可能会引发一系列的连锁反应，造成相互揭丑、相互指摘，并最终导致夫妻间性关系的恶化。他会教他们如何谨小慎微而又巧妙地处理复杂的夫妻关系。他会要求他们在每次接受治疗时准备好一份清单，列明上一周发生的问题，每个人都应该耐心听完对方的抱怨，其间不允许自我辩护，也不允许自怨自艾。他会建议他们一周至少做爱一次——如果做不到，就会积蓄太多的肉欲，于是有可能寻找其他发泄的渠道，进而对他们的夫妻关系造成影响。他还会评估他们各自的心理背景，帮助他们认识到，他们各自的经历有可能促使他们对现实产生扭曲或错误的理解。并且一旦发生争吵，他也会敦促他们把对方的行为看作是受伤难过的表现，而不是心怀恶意。

这样的心理治疗师必定是一种新式教士，是为另一个时代而存在的。那个时代虽然不再相信死亡之后的宗教宽恕与谅解，但对现在来说，这种治疗师身上的那些特质，仍是迫切需要的。

3.

如果说进行这样的心理治疗还不具备条件，那只是因为资本主义的发展仍然处在襁褓期。我们能够在家门口享受到异国水果的快递服务，也能够制造出微导体，但是我们却无法找到更有效的方法来应对夫妻关系的紧张和疏离。问题是人们认为对于如何与另一半相处他们已经知道很多了，根本不需要再花时间去学习。但事实上，相比起飞机降落和脑部手术，人们对于处理两性关系的知识所知甚少。在现代，大多数的工作都设置了各种人为制定的程序，以此来避免人与人的直接冲突，但奇怪的是，在两性关系中引入标准化的管理模式以及寻求外来的帮助却仍然举步维艰。人们坚持认为**想**太多只会令**感情**更糟，只是他们忘了一个显而易见的事实，那就是，正是长久的不间断的思考，才是避免夫妻关系恶化的不二法门。

于是在现代社会，人们渐渐形成一个共识，那就是两性关系的主要难题在于如何找到“正确”的人，而不是学会如何去爱一个真正的人。当然，真正的人也存在许多“不正确”的地方。我们不愿去经营爱情，与我们最早的情感经历有关。最早给予我们爱的人并没有让我们知道对于爱需要投入多少精力，他们爱我们，却不要求我们给予同样的回报，也很少向我们流露他们的弱点、焦虑或需求，而且至少在一定程度上，他们在扮演父母角色中的表现要比他们作为恋人的表现要好得多。于是，尽管他们充满善意，却造成了一种假象，而这对我们成年后的人生造成了复杂的影响，导致我们对经营一段成功的感情关系毫无思想准备。

倘若我们尽量不去回忆儿时所获得的父母的爱，而是尽可能地去理解父母为了爱我们而付出多大的牺牲，那么我们就有可能对成人的爱情采取比较平衡的观点。我们唯有全情投入地付出，才能够理解感情关系中究竟是哪一方在暗箭伤人，以及为什么暗箭伤人。这样一来，我们与另一半的结合才能够向着比较理想的方向发展，从而享受比较频繁也比较温情的性爱。

第四节　色情

审查

1.

当吉姆欲火中烧而黛茜睡着了的时候，他常常会偷偷起身溜到楼上的小书房上网。

诚如其拥护者一直以来所指出的那样，网络是一个极佳的教育工具，它将分散的人类智慧汇集在一起，形成一座用之不竭的智慧仓库。轻点鼠标，吉姆就能徜徉在国会图书馆，能知道意大利南部的天气，能观赏加利福尼亚的一场老爷车秀，甚至能通过对比图研究过去二十年全球的平均气温。

然而同样容易的是，他也能够很快地登录到“淫荡少年俱乐部”这样的网站，并深陷其中。难怪全球严肃文学作品的销量均大幅度下滑：要与这种东西竞争，纸质书籍必须真的非常有趣才行。诸如宇宙飞船登陆火星，小孩初次参演圣诞剧，以及新发现了十五部莎士比亚的遗稿，这样的内容均不太容易得到人们的青睐。如今网络上的色情内容五花八门应有尽有，从素颜自拍到金发美女，从户外野合到同性滥交，从人妖表演到偷窥视频等等，那么这个时代真正的问题就在于：人们怎样才不会无法自拔地浏览色情内容，而是愿意过自己真实的人生。

2.

色情内容的支持者们（这些好人对色情内容的全部体验仅来自一本旧《花花公子》内页里的一两张图片，或许还有一些成人频道里的影像，那是几年前他们住旅馆看电视换台时偷瞄到的）常常会找借口说，色情内容是令人放心的，因为它们是“假的”，所以不会对明智聪慧的人造成威胁。但是事实却不幸与此相反。今天的色情内容看上去非常写实，每个细节几乎与现实一致——当然，唯一重大的差别就是，在色情内容中，所有人都不断享有快乐美好的性爱。

沉迷色情网站造成的时间浪费自然是极其可怕的。经济分析估计，网络色情产业的产值每年高达一百亿美元，但这个数字还根本不足以说明人类在网络上所真实耗费的精力：每年大概有两亿个工时被花费在这里头——本来，我们可以用这些时间开公司、看孩子、看病、搞创作或者整理房间，而如今人们却宁愿流连在色情网站上，欣赏其中千姿百态的网页。

3.

色情与人生中其他的计划与爱好有多么大的冲突，我们只有在高潮之后才能体认到。我们刚刚会为了多点开一个链接而不惜名利，一转眼功夫，我们又得为刚才暂时抛弃理智的行为而心怀愧疚。亚里士多德在《尼各马可伦理学》中指出，高尚是“符合美德的人性获得完全的升华”。这与色情内容毫不相干，我们远离了尊严、快乐与道德——但至少对某些人而言，这一切离快感却并不远。

然而色情之毒却不容易抗拒。全球重要的网络公司像思科、戴尔、甲骨文和微软等和数以千计的色情内容供应商无意间形成的联盟，巧妙利用了男性的一项先天缺陷——男性先天对于性诱惑特别敏感，只要在大草原上偶尔看到一名部落女子走过，他们就有可能性欲勃发。既然存在这样的缺陷，一旦沦入大量的色情信息的包围之中，看见各式各样比萨德侯爵的变态想象更加极致的色情场景，男性自然毫无抵抗能力。没有什么力量可以帮助人们抵挡科技的高度发展，也没有什么力量能够阻止他们宁愿放下更重要的事情也要冲向色情网站去多沉溺几分钟（而结果可能花了四个小时）。

以前，伴着烛光阅读契诃夫的短篇小说并不是多难的事，因为当时的人们在夜晚唯一的其他消遣也就是走上二十几分钟的路去跟邻居闲聊。然而，我们现在却能在电脑上打开两个窗口，左边是众多裸体拉拉队队员的照片，右边则是MSN窗口，把自己伪装成一个充满好奇心却没有过性体验的女同性恋者，与一名身材苗条的二十五岁钢管女郎（实际上却是个年过半百的肥胖的卡车司机）进行网络聊天，由对方温柔地诱惑我们跨出性爱的第一步。在这种情况下，还有哪位天才作家能够引起我们的注意？

4.

十七和十八世纪的哲学家们，如约翰·洛克、伏尔泰、托马斯·杰斐逊和托马斯·潘恩，他们在勾勒现代世俗社会背后的智识框架时，都把个人自由摆在这个框架的中心。在他们所设想的“理想社会”中，人们可以自由选择他们想要阅读的书籍，观看他们想要看的图像，崇拜他们想要崇拜的神灵。对个人自由的唯一限制就是不能对别人造成伤害：只要不伤害邻人的身体、不掠夺他人财富——除了这些极端的行为，人可以为所欲为。诚如约翰·斯图亚特·米尔在他的著作《自由论》(1895）中指出的那样："唯一符合自由之名的，就是以我们自己的方式追求自己的益处，只要我们不企图剥夺别人的益处，也不妨碍别人追求自己的益处。每个人的健康都由他自己来守护，无论是身体健康，还是心理与精神健康。"

即使在今天，当我们认真思考当代民主中最好最值得追求的东西时，我们肯定会单单挑出"自由"。我们会毫不犹豫地捍卫自由，原因有二。第一，我们信奉自由，并以此警示世人：我们深知任何政府干预都可能造成严重危害。我们相信任何人都不可能知道别人应该怎么生活，因此干预别人生活所可能带来的益处远比这么做所导致的危害要小。于是，我们宁可任由别人自己找到自己的出路，也不愿意冒着可能造成灾难的风险去干预别人。为了打消人们对这个观点的疑虑，我们一再拿希特勒来做例子，提醒人们一旦有人觉得自己知道什么才是对所有人最好，结果却会造成什么样的恶果。

第二，乐观地看，我们捍卫自由乃是坚信人类是成熟理性的动物，能够充分地评估自己的需求，照顾自己的利益，并且人与人之间能够和平共处，不需要太多的保护与干预。我们不需要对所接触的事物保持太多警惕，因为我们并不会轻易受到所见所闻的太多影响。我们不会因为看了一本书或一幅画而遭受不可挽回的伤害，也不会因为读了一本血腥的小说而变得暴力，或者看了一部电影或一张照片而丧失了道德。我们的心理平衡远非那么脆弱。我们并不是用吸墨纸做成的，我们可以骄傲并且安然地生活在新闻自由以及观念民主的世界里。

5.

在几乎每个细节上，这些世俗的信条都与大多数宗教信念相互抵触——这一点不足为奇，因为现代自由主义的理念在很大程度上来自于其对宗教教条的反抗。宗教信仰始终认为对是非对错掌握了更加可靠的理解，因此在道德上有义务把它们的价值体系强加在人们身上，必要时还会强制进行。宗教信仰还认为人类对身边的信息绝非不受其影响；读什么，看什么，都将深刻地影响人的观念，因此必须持续不断地对我们施加保护，以免我们受到自己的伤害。为此，宗教认为我们需要一套审查制度。

“审查”制度这个词听起来常常令人心生惧意，它令我们想到纳粹以及宗教裁判所那充满仇恨的所作所为。然而，尽管审查这个概念很容易造成骇人听闻的后果，但在将其抛到一边之前，我们不妨想一想，是否存在某种对人类有益并且有必要的审查。也许我们真的如很多宗教所认为的那样极易受到所阅读和观看的材料的影响，并且这种影响并非过眼云烟那样转瞬即逝。因为我们充满热情，大体上又毫无理性，再加上破坏性的荷尔蒙与欲望的冲击，结果我们很容易就会失去远大的理想。尽管这种容易受到影响的特性令我们的自我形象受辱，但不恰当的图片确实可能令我们走上错误的方向，不良的书报有可能让我们丧失道德感，时尚杂志中某些居心不良的广告（广告商们对此心知肚明）也可能摧毁我们的价值观。在这种情况下，稍稍采取审查制度未尝是件坏事。当然，我们不应该把自由交给残暴专制的当权者，但有时在特定的情境下，至少为我们自己的福祉和身心健康成长着想，我们也应该乐意接受对我们一些权利的理论上的限制。在清醒的时候，我们应该能够认识到不受束缚的自由反倒可能令我们陷入困境，如果我们愿意把自己的一部分特权让渡给一个善意的监管者，这样一来说不定给自己帮了大忙，例如对于网络色情来说就是如此。

就此而言，也许只有那些理性自我从来没有遭受过性所激发起的灭顶之灾的人，才可能支持拒绝审查的绝对的“现代”自由。性解放理念所诉诸的对象，显然主要是那些一旦在得到解放之后不会去满足某些毁灭性或怪异的性欲的人。

然而，相比之下，体验过性冲动蒙蔽理性威力的人，尤其是体验过网络色情的人，对于性自由则不太会有乐观的态度。花大把的时间沉醉在网上看那些脱光了的男女性爱之后，就算是最自由放任的人也难免忍不住想要一把火把地球上所有的服务器、路由器、数据库和电缆统统烧掉，以彻底终结这套系统把色情这种毒害物侵入人类的家庭与心智。

色情内容跟酒与毒品一样，会令人无法再去承担某些生命中的苦难，而这些苦难是我们拥有正常的人生所必须要承受的。说得更准确点，色情内容会降低我们对于毫无明确指向的焦虑和无聊情绪的承受力。焦虑是一种真实但困惑的感受，表示我们存在一些问题，因此我们必须仔细聆听焦虑所传达的信息，并耐心地加以解读，如果我们一再被电脑这个有史以来发明的最容易令人分心的工具所吸引，那么上述的聆听和解读过程就难以完成。整个互联网就是一个撩拨感官的色情场所，它源源不断地提供我们无法抗拒的兴奋刺激，它引诱我们沉迷其中，使得我们偏离回应内心真正需求的正轨。此外，网络色情的随手可得也降低了我们对无聊的忍受度，这种无聊恰恰为我们创意的产生提供了思考的空间——在我们泡澡或坐火车长途旅行时，我们就有可能沉溺于这种有助于创意的无聊。每当我们感到一股想要脱离自己思路的不可抗拒的冲动，我们几乎就可以确定某种重要的东西正要进入我们的意识当中，然而恰恰在这个孕育新创意的时刻，我们最容易受到网络色情的诱惑，诱使我们逃离正轨，进而摧毁了我们的现在与未来。

6.

只有宗教明了性欲诱使我们舍本求末的强大威力，所以仍然对性保持着严肃的态度。只有宗教把性欲视作具有潜在的危险性，必须对其保持警惕。我们也许不赞同宗教为了转移我们的性冲动而希望我们去思索的某些事物，也不欣赏宗教压制性欲的种种做法，但我们可以肯定（也许是在某个色情网站上流连好几个小时之后）宗教的这个观点没错：性冲动和情色图片能够轻而易举地压垮我们看起来并不脆弱的理性。

由于世俗世界总是排斥审查，并且坚信人类成熟理智，因此对世俗主义的拥护者来说，他们会觉得很荒唐：一个有理智的成年男人难道真的会因为瞥了一眼女人优雅的膝盖或者胳膊肘而让自己的生活天翻地覆吗？除了心理上的弱者，又有谁会对一群在海滩上几近半裸的少女想入非非呢？

世俗社会对比基尼或性诱惑采取了宽容的态度，因为总体来说，他们并不相信性欲与美貌对人们会产生多么强大的影响力。世俗社会认定男性有足够的自制力去观赏一群美女嬉戏——不论是在网上还是在现实生活中，然后，他们会像什么都没有发生那样重新回到自己的日常生活。

宗教经常因为过分拘谨而遭到嘲笑，然而，宗教对于性方面提出的警告，却是源自对欲望的威力与魅力的充分认识。宗教之所以认为性充满危险，正是因为它深知性同时也非常美妙。问题在于，这种美妙可能会阻碍人类去关注那些更为重要和更值得重视的东西，比如，上帝和人生。

当然，我们不至于极端到去遮掩美貌，但我们也许应该认识到互联网上审查制度的必要性，赞同政府限制网络中那些随处可见的不加审查的色情内容。即使今天我们不再信奉神灵，我们也不得不承认，适当的压抑对人类的道德健康是有好处的，我们这个秩序井然、充满仁爱的社会才会运转正常。为了自身，我们必须克制部分的肉欲。压抑并不仅仅是对基督教徒或者其他传统文化的信徒而言，而是我们每个人都离不开一定限度的压抑。由于我们每一个人都必须去工作，必须维护我们各自的关系圈，必须照看好我们的后代，必须不断加深对自我的认识，因此，我们就不应该任由性冲动恣意妄为——无论是在网络上还是其他地方。猛虎一旦出柙，我们的生活就将彻底毁灭。

新式色情

1.

话说回来，色情内容的真正问题并不是它可以广泛获得，而在于它的本质和品质。如果它不是如此脱离理智、道德、友善和有抱负的普通人所关注的事情——除了性爱之外——它也不会给我们造成如此多的问题。然而，就目前的情况来看，色情内容要求我们舍弃道德伦理、审美趣味以及知识理性，目的是要我们沉迷于完全没有理智的色欲。色情内容充斥着拙劣的情节、荒谬的对白、毫无感情的表演，布景简陋，拍摄手法无耻下流——因此一旦我们满足了欲望之后，留在我们内心的就只有厌恶。

然而，也可以设想存在另外一种色情内容，它不强迫我们在性欲与道德之间做出绝对的非此即彼的选择——性欲被用来支持而不是损害人类高级的价值观。事实上，已经有类似的东西已经存在，并且出现在最令人意想不到的地方——那就是基督教艺术当中。

在历史上少数几个时期，基督教艺术已经懂得性欲不一定必然与善为敌，甚至在经过适当的处理之后，还能够为善注入活力与强度。在意大利艺术家弗拉·菲利普·利皮和波提切利所绘制的祭坛装饰画中，圣母不仅衣着华丽，置身赏心悦目的背景里，而且相当好看——事实上，在大多数情况下，圣母散发出毋庸置疑的性感魅力。尽管这一点在艺术史的讨论或者博物馆的收藏目录中不会特别提及，但耶稣基督母亲的形象确实经常会引起观众的性兴奋。

基督教艺术家刻意追求这种效果，并非想与基督教对性欲通常持有的谨慎相抵触，而是断定在特定的时刻，性欲可以用来帮助人们获得启示。如果要说服观众相信圣母玛利亚是有史以来最崇高的人之一——她是仁慈、自我牺牲，以及甜美与善良的化身——那么以潜移默化的方式，用细腻的笔触将她描绘成性感美丽的样子，也就更有助于信徒们相信。

通过波提切利的圣母像来满足性幻想，相比通过现代色情业所提供的那些千篇一律的色情产品，前者的优势在于它并不强迫我们在性欲与其他我们向往的品格之间做出痛苦的抉择。它允许我们在尽情释放生理冲动的同时，仍然可以保持审美的情趣和道德认知。简言之，它提供给人们一个连接

/ 性也可以支持，而不是破坏我们对善与美德的兴趣。
波提切利，《圣母子》，1483年。

性欲与美德的桥梁。

典范性的圣母像让我们预见到未来开明的或经过整合的色情内容可能呈现的模样。理想状态下，新式色情内容除了引发我们的性欲之外，同时也表现出人性中其他高尚的方面——比如，其中的人物表现出机智、善意、勤劳或者聪明——如此，我们的性兴奋就能够渗入美好人生中的其他要素，并且强化我们对这些要素的尊重。性欲不再是与愚蠢、粗野、一本正经、占便宜为伍，而是与我们内在的最高贵的品质联系在一起。

2.

这种新式色情内容将极大地缓解我们通过当前色情内容满足性欲之后所产生的自我厌恶。沉迷于色情内容的青少年不仅自己感到良心不安，而且会让他们的父母深感苦恼。新式色情内容使得他们在观看性感图片之余，不会与顾及家人、学校的功课以及体育锻炼之间产生冲突。新式色情内容能够将性欲的满足与其他一些人类理想结合起来。目前色情内容中常见的兽欲分类和陈腐的情节，似乎连一句完整的话都说不清的人物，都将被新式色情中的图像和情境所取代——这

/ 未来的色情内容：我们可以同时对性爱与智慧感兴趣。
《床上的贝基》，杰西卡·托蒂·哈帕，2003年。

些图像和情境的基础在于诸如智慧（比如人物在图书馆里看书或走动）、和善（比如人物在温柔体贴的氛围下做爱）、谦卑（比如人物表现出窘迫、害羞或不自在）之类的各种特质。如此，我们就再也不用在人性与肉欲之间做出痛苦的选择了。

第五节　偷情

偷情的快感

1.

首先我们要承认偷情是多么地诱人和令人兴奋，尤其是在结婚几年以及有了孩子之后，只有这样，我们才可能真正理解这个臭名昭著的话题。在我们开始将其称为“错误”前，我们必须承认，偷情至少在一段时间内能够给人带来极度的兴奋。

让我们来想象一下另一个场景：我们的男主人公吉姆正在办公室里面试前来应聘美术设计工作的人。他已经花了几个小时挨个接见了一群留着山羊胡子的大男人了，最后一位应聘者名叫瑞秋，25 岁（而吉姆差不多到了不惑的年纪），她穿着牛仔裤、运动鞋和深绿色 V 领针织衫，除此之外没有过多的装饰，令人无法不注意她那显得中性的上半身。吉姆和她讨论了印刷成本、留白、纸张重量和字体等问题——当然，整个过程中，吉姆的思绪都飘到了不知名的地方。如果一个男人对这样一个充满青春、健康与活力的身影不感兴趣，那我们反而可能要对他感到担心了。

名模们总是装作一副对美貌感到厌倦和无所谓的样子，而有些风姿绰约的年轻女子当发现人们感兴趣的是她们的身材而非才智，便气恼受到了冒犯——瑞秋却没有这样的毛病。她浑身散发出天真无邪的热情，似乎她由年迈慈祥的父母在遥远的农场抚养长大，从来没看过电视，也从未上过中学。

如果把吉姆此刻所想要的描述为“性”，就会令我们无法认识到他内心激情的真正根源。在这种情况下，古英语“know”②用来形容这一切实在是贴切不过了。本质上，瑞秋令吉姆产生了想要去“了解”她的欲望——去亲近她的大腿、脚踝和颈部，自然，也包括了解她的衣柜，她的书架上会排列些怎样的书，她沐浴后头发的味道，她还是个小女孩时候

② know在古英语中也可用来表示与人发生性关系。——译注

的样子以及她与闺蜜们在一起时相互交换的小秘密。

尽管吉姆的人生波澜不惊，但这次他的命运却发生了不同寻常的转变。在瑞秋与吉姆公司的合作项目结束几个月后，吉姆被派到英国的布里斯托尔出差，当天无法返回，他要陪客户参加一个颁奖典礼，住在M4公路附近的一家假日饭店——就在那里，吉姆再次遇到了瑞秋，她就站在饭店灰绿色的长廊间。瑞秋早就忘记了他，但是经过他的提醒之后，她便表现出一贯的热情，并且很快答应在典礼结束之后与他到附近的酒吧一聚。就像初次犯案的谋杀者凭直觉就知道如何在运尸袋中安置石块一样，吉姆也很自然地给黛茜发了封电邮，跟她和两个孩子道晚安，还说待会儿没时间像以往出差在外那样给他们打电话了，因为晚会很可能会拖到很晚才结束。

午夜冷清的酒吧里，他们一起喝了一杯。吉姆的调情恰到好处。中年已婚男人试图勾引其他女人，总是表现得极为大胆，但这种大胆不应该与自信相混淆：这只是一种中年男子对死亡的恐惧，他们越发认识到人生中类似的机会是如此短暂而稀有。正是这种认知给了吉姆勇气，促使他大胆地尝试，而在年轻单身的时候他从来不敢这么做，那时他面前的人生犹如一条望不到尽头的宽阔道路，所以他还拥有表现出害羞和矜持的本钱。

他们第一次接吻发生在通往电梯的走廊上。他将她推到墙上，旁边悬挂着一张广告海报，宣传着家庭住宿优惠方案，上面说儿童在星期日上午可以享用免费的早午餐。她的舌头热切地回应他，她的身体也有节奏地迎合他。很快这一刻就成为吉姆一生中最美好的时刻之一。

2.

之后，吉姆从布里斯托尔返回了家，生活照旧。他和黛茜哄孩子睡觉，外出吃饭，商量要不要买一个新烤箱，相互争吵，并且像从前一样很少有性生活。

当然，吉姆用谎言对黛茜隐瞒了整件事情。我们生活在一个道德至上的时代。这个时代允许大多数放纵行为发生在婚前，而婚后的放纵则被视为禁忌。报纸上经常发布足球明星和政客的性丑闻。读者对这类新闻的看法也反映出别人会如何看待吉姆的行为。他将被贴上骗子、卑鄙小人、猪狗不如之类的标签。

这些标签使吉姆感到恐惧，但同时，他也忍不住怀疑，为什么他应该服从这些简单的说教？我们不妨探讨一下吉姆的这种怀疑。暂且这么说吧，吉姆和瑞秋之间的偷情并不是特别不对的。既然如此，让我们冒险更进一步讨论（与公众对偷情的判决相反），真正的过错可能在这种行为的对立面——也就是缺乏出轨的渴望。这种情况不仅怪异而且是十分**错误**的，因为它体现了非理性、有违自然的一面。全然不考虑偷情的可能性，这种看法本身就是缺乏想象力的标志，就好比冷漠无情地无视我们在地球上的生命是如此短暂，毫不理会我们身体里的肉欲现实，更加否认那股完全可以凌驾于理性自我之上的、被各种情欲触发的力量——比如会议桌下十指紧扣，餐馆吃饭时偷偷碰在一起的膝盖，或者是高跟鞋和洁净的蓝衬衫，灰色的棉内衣与莱卡短裤，光滑的大腿与健壮的小腿——每一项都是强烈的感官享受，跟阿尔汗布拉宫的华丽瓷砖以及巴赫的 B 小调弥撒曲一样值得尊敬。难道拒绝这一切精致的诱惑本身不是一种背叛吗？对于面对不忠的诱惑坐怀不乱的人，我们真的可以信任他吗？

3.

社会认为已婚人士如果发现配偶有外遇，那么他们绝对有理由感到愤怒并有权利将对方扫地出门，剪碎他们的衣服，让他们彻底名誉扫地。偷情似乎是一个充足的理由，可以让遭到背叛的人以各种极端的方式发泄愤怒，而背叛的人也必须为此负全责。

然而我们在此需要指出，无论被背叛的一方感到受到了多大的伤害，对于别人的不忠发泄愤怒其实完全没有绝对的理由。出轨的一方竟然想象将手伸进一个陌生人的裙子或者裤子里，甚至付诸行动，这一点，在经过十年甚至几十年的婚姻生活之后，我们应该不必奇怪。难道我们真的有必要为自己拥有一种很好理解的正常欲望而道歉吗？

与其要求那个“背叛者”对自己说对不起，不如“被背叛者”自己先说对不起——为自己身为自己而道歉，为自己变老了而道歉，为自己的乏味道歉，为自己把忠诚的标杆高高地悬挂在没必要的高度而迫使对方撒谎而道歉，以及（既然是当事人）为身为人本身而道歉。我们太容易相信偷情的一方做了所有的错事，而忠诚的一方则丝毫没有犯错。这对于理解何谓“错误”来说则显得太过肤浅了。偷情当然很容易上新闻头条，但也存在其他一些不那么引人注意的背叛行为，它们的破坏力也丝毫不减，比如：不愿意跟对方说话，心不在焉，脾气暴躁，或者根本不去改善自己以吸引对方。

4.

被背叛的一方在感到愤怒的同时，却回避了一个基本的、更悲惨的事实：那就是，没有谁会是另一个人的一切。“被背叛者”不肯以有尊严的方式，优雅而哀伤地接受这个令人感到害怕的事实，而是常常在社会的鼓动下指责“背叛者”对他们不满是没有道德的。然而，真正的错误出在现代婚姻意识上，这种观念不合理地坚持认为一个人就可以永远地满足另一个人在性与情感方面的所有需求。

退一步来看，我们就会发现现代婚姻制度与以前的最大区别就在于，它要求我们对爱情、性和家庭的所有欲望都针对着**同一个人**。从来没有哪个社会对婚姻制度持如此严苛的态度或如此高的期望，自然，从来也没有哪个社会对婚姻制度产生如此多的失望。

在过去——爱情、性和家庭——这三个非常不同的需求是各自分离的。比如十二世纪普罗旺斯的行吟诗人是浪漫爱情的专家。他们深谙爱情之道，懂得一个优美的身影可能引起痛苦，美好的约会之前会有紧张失眠，而呢喃的情话或眉目传情又将带来多么大的欣喜。但他们无意将这种珍贵而深沉的真实情感与其他平行、实用的意图联结在一起——他们不愿意与自己热恋的对象组建家庭，甚至不愿意与他们共享性爱。

十八世纪初巴黎的浪荡主义者同样精于此道，只不过他们需要的是性而不是浪漫：他们渴望第一次解开情人衣扣的喜悦感；在烛光下尽情探索彼此身体的兴奋感；还有在做弥撒时引诱异性的那种刺激感。但这些情欲冒险家都很明白，这种快感与爱情或生儿育女是毫无关系的。

自从人类在东非开始直立行走起，我们就对组建家庭的冲动极为熟悉。然而，从进化的角度来看，却很少有人会想到组建家庭有可能需要与父母之间持续的性欲和互相怀有爱意融合在一起。

我们的爱情、性和家庭这三个方面如果说不是各不相容的话，至少是各自保持独立，这一直被认为是一个普遍接受的事实。直到十八世纪中叶，在那些繁荣的欧洲国家中，一个特殊的社会阶层开始逐渐形成一种新的认识。这种认识认为，婚姻中的双方不应只是为了孩子而彼此容忍，他们应该深爱彼此，对对方怀有欲望。他们之间的关系应该结合行吟诗人的浪漫激情与浪荡主义者的性感放荡。由此，全世界都为这个美好的想象所折服：**只要找到一个人**，我们所有最迫切的需求便都可以得到满足了。

这种新的婚姻观念差不多完全由特定的经济阶层即中产阶级提出并加以支持，这一点并不是偶然的。他们具备的在自由与制约之间寻求平衡的技巧，也得到了异乎寻常的反映。随着科技和商业的大发展，中产阶级的经济地位迅速上升，他们不再需要接受较低阶层备受限制的人生期望。中产阶级的律师和商人有了更多的闲钱可以用来找乐子，因此能够提高自己的期望，希望找到的伴侣不只是陪他们安安分分过日子而已。然而，他们拥有的资源不是无限的。他们没有吟游诗人那样大把的闲暇，那些人继承的财富足够保证他们可以毫无困难地花三个星期写一封信仅仅为赞美心爱之人的眉毛。中产阶级总是有处理不完的商务，有忙不完的工作。当然，他们也不会允许自己像浪荡主义者那样傲慢自负——那些人拥有的权势和地位足以保证他们可以无情地随意伤害别人，甚至随意毁掉自己的家庭，而且有足够的手段解决自身行为所造成的不愉快。

中产阶级既不是饱受压迫以至于毫无时间去追求奢侈的浪漫爱情，也不是自由到可以肆意追求情欲和情感的纠葛，因此，寄希望于一个永久的合法伴侣以获得满足，完全是他们在情感需求与实际限制之间谋求平衡的结果。

中产阶级婚姻理念将以往婚姻生活中可能出现的错误和不良行为都视为禁忌，这些事在以前或者不被重视，或者至少没有被当作结束一场婚姻和毁弃一个家庭的正当理由。夫妻之间感情冷淡、出轨和不举——如今这一切对婚姻而言都意义重大。一场缺乏爱情或者冷漠的婚姻对中产阶级来说好似梦魇，这就像一个风流成性的人无法享受婚外情那样可怕。

通过小说，我们可以清楚地看出中产阶级这一浪漫的婚姻观念是如何发展演进的。简·奥斯汀的小说对我们来说仍然有着清晰可辨的现代风格，她通过文字所塑造出的人物形象，反映并且帮助塑造出我们对自己的期望。跟《傲慢与偏见》中的伊丽莎白·班纳特和《曼斯菲尔德庄园》中的范妮·普赖斯一样，我们都渴望同时实现两个愿望——既拥有一个安全可靠的家庭，又对伴侣怀有真诚的情感。但是，小说的历史也揭露了中产阶级这种浪漫婚姻观念中黑暗的一面。在《包法利夫人》和《安娜·卡列尼娜》这两部堪称十九世纪欧洲最伟大的小说中，女主人公们在她们所处的那个时代和社会地位中，均渴望自己的伴侣拥有更加复杂的性质：她们希望他们既是丈夫，同时又是行吟诗人和贵族情人。但是，人生仅仅给了她们一个纯粹的丈夫而已。艾玛和安娜都被困在婚姻无爱却经济稳定的家庭，尽管在以前的时代里，这样的婚姻可能令人羡慕，但现在却令人不可忍受。而同时，她们生活的中产阶级世界又不支持任何形式的婚外情。最终她们的自杀揭示出这种新式爱情理想不可调和的内在本质。

5.

然而，中产阶级的理想并非完全是一种幻想。确有一些婚姻完美地将三大黄金要素——爱情、性和家庭——融合在了一起。有了它们，婚姻就永远不会遭受偷情的困扰。我们不能像愤世嫉俗者那样，说幸福的婚姻是一个神话。或许，比这更吸引人的说法是，幸福的婚姻确实有可能存在，只是非常非常稀有。没有什么实在的理由认为婚姻无法满足我们所有的期望，问题在于，要实现这个目标，我们必须要破除重重阻碍。这是一个可悲的事实，在人生以其粗暴的方式，在其选定的特定时刻，将这个事实推到我们面前之前，我们应该做好准备，并且平静面对。

偷情的愚蠢

1.

那么，就让我们看看事情的另一面：如果认为婚姻是满足我们所有对爱情、性欲与家庭的渴望的最佳方案本身是幼稚和被误导的，那么认为偷情是化解对婚姻失望的有效解药的看法同样是天真的。

正如特定的婚姻观念，偷情的真正“错误”在于也犯了理想主义的毛病。初看上去偷情是一种愤世嫉俗的、不抱什么希望的行为，而事实上，它背后却隐含着一个信念，那就是偷情者认为可以通过婚外的冒险行为奇迹般地弥补婚姻生活中的种种缺陷。然而相信这种信念实际上却误解了人生施加于我们身上的各种条件。跟婚姻之**外**的人上床，绝不可能不对我们婚姻之**内**所在乎的事情造成影响——就如同对婚姻保持忠诚，就不可能不错过生命中一些可能更加美好和更为重要的感官享受。

2.

要解决婚姻中的紧张关系，如果我们寻求的方案意味着任何一方都不会有任何损失，并且婚姻中双方在意的正面因素仍然能够和谐共处、互不伤害，那么这种答案是根本不可能存在的。

这里我们想要的三样东西——爱情、性与家庭——每一样都会对其他两样造成极大的影响或伤害。爱一个人有可能会抑制我们与对方做爱的能力。而跟一个我们不爱的人偷偷幽会却会危及我们与合法伴侣——虽然心爱却激情不再——之间的关系。养儿育女可能会毁了爱情与性生活，但为了婚姻或性欲而忽视了孩子，则肯定会极大地影响下一代的身心健康。

为了应对这三者一团糟的状况，人们总会时不时地想寻求某种乌托邦式的解决方法。有时我们会想，开放式的婚姻可能更好点儿，或者约定尊重彼此的隐私，或者双方约定每年重新确定婚姻关系，再或者想办法托人解决照看孩子的问题。然而，所有这些策略注定都会失败。如果我们处处留情，那就会危及伴侣对我们的爱情，甚至会影响孩子的心理健康，但如果我们不这样，我们会觉得人生了无生趣，永远不会体验到建立新关系所带来的新鲜刺激与激情。如果我们隐瞒婚外情，我们会感到内心不安并让我们逐渐失去接受伴侣的爱的能力；而如果我们承认不忠，我们的另一半就会惊慌失措并永远对我们有过的偷情耿耿于怀（即便那些经历对我们早已没有什么意义）。如果我们将全部精力都投入到孩子身上，然而终究有一天他们会长大离我们而去，追求他们自己的人生，我们又将孤独而伤感地面对彼此。但如果我们为了追求夫妻间的浪漫而忽略了孩子，我们又会造成无法弥补的伤痕，令孩子对我们心生怨恨。婚姻就是这样，像一张永远铺不平的床单：每当我们想要追求一部分的完美，就必然会把其他部分搞得更加糟糕。

3.

那么，我们应该具有什么样的务实心态步入婚姻殿堂呢？什么样的誓言更适合我们交换以达成彼此的忠诚呢？当然，比起普通的陈词滥调，新婚夫妇应该做出更加谨慎也更加悲观的誓言——比如："我发誓只令你一个人失望。我发誓把我所有的遗憾都归在你一个人身上，而不是把这些遗憾撒在各种各样的风流韵事之中。我已经考虑过各种各样造成人生不快乐的情形，最终我选择你作为我的归宿。"这类看起来有些悲观、不够浪漫但善意的誓言，正是新婚夫妇应该在圣坛前面郑重许下的诺言。

这样，双方的背叛只是违背了当初相互承诺的只令彼此失望的诺言，而不是违背了对婚姻不切实际的盼望。被背叛的一方就不用再愤怒地抱怨原本期待对方以拥有自己而满足，而是可以惨然并且理直气壮地向对方哭诉："我原本期盼你忠于我所代表的这种特定的失望。"

4.

当以爱情为基础的婚姻观念在十八世纪扎根以后，以前那种更为平淡务实的婚姻观念便被渐渐取代了——亦即两人结婚只是因为彼此到了适婚的年龄，能够忍受对方的长相，也不愿意得罪彼此的父母和邻居，有了少量需要保护的财产，同时也希望组建家庭。

相比之下，中产阶级的新式婚姻观却认为，结婚的唯一理由是彼此深爱。这种观念可以理解为涵盖了大量模糊不清但带有图腾性质的感受与情绪，包括爱侣们无法忍受离开彼此的视线、彼此的长相足以激发对方的情欲、彼此心灵相通，他们不仅愿意在月色下读诗给对方听，也乐意把各自的灵魂合二为一。

换言之，婚姻从一种社会**制度**变成了一种**情感的献祭**，从一种外在认可的成人礼转变成一种内在的受到某种情感状态驱动的反应。

在现代人的眼中，婚姻观的转变因为对所谓“虚情假意”的恐惧而显得具有正当性。“虚情假意”这种心理现象指的是一个人的内在感受与外界对其的期望存在着落差。以前老一辈人称之为“表面功夫”的现象，如今被归类为“撒谎”，而“出于礼貌而虚构故事”的行为，却被小题大做地视作“背叛自我”。于是，何谓得体的婚姻便增加了一条严格的条件，那就是强调内在自我与外在自我必须相互一致。那些对伴侣只怀有很淡的感情，一年只有六次平淡的性生活，以及为了孩子而勉强维持婚姻——这些妥协如今都被视为放弃完整人性的表现。

5.

大多数刚刚成年的人对以爱情为基础的婚姻观都抱有直觉的尊重。在文化偏见的影响下，我们很难不持有这种尊重，但是随着年龄的增长，我们常常开始有了疑惑；这一切是不是几百年前由一群怀有青春期心智的作者和诗人幻想出来的结果？我们是不是应该回到古老的基于制度的体系？——毕竟这种体系在大多数历史时期足以满足人类的需求。

我们一旦认识到自己的感受是多么混乱，就可能对婚姻产生重新评估的想法。例如，我们可能仅仅因为在街上偶遇一张美人面孔就想让自己的人生天翻地覆。还有，我们在网络聊天室结识了一个网友，对方在一番情色挑逗之后，提议到机场旅馆见面，我们就有可能为了那几个小时的快感而不惜毁了自己的人生。有时候我们会生伴侣的气，恨不得对方立刻被车撞死，但很快我们又会觉得宁愿自己先死也不愿孤独终老。再比如，在某个漫长而无聊的周末，我们可能会急切地盼望孩子快快长大，不再整天玩蹦蹦床，好让我们可以静下来读读杂志，让客厅保持整洁。但是才过了一天，我们可能会因为开会加班来不及回家哄他们上床睡觉而感到深深的遗憾。

基于爱情的婚姻观的支持者们尊崇情感的真诚和可靠，但他们持有这种态度，仅仅是因为他们没有仔细关注大多数人的情感万花筒中的千变万化：各种各样相互矛盾、多愁善感以及受到生理因素影响的力量驱使我们朝着疯狂又不确定的方向前进。如果遵循我们所有的情感冲动，那么我们不可能获得一致连贯的人生。如果我们想要获得满足，有时就不得不表现出虚情假意，说不定还必须常常如此。也就是说，我们必须克制自己一时的冲动，比如想要掐死自己的孩子，想要毒死我们的伴侣，或者仅仅为了换电灯泡这样的小事而想要结束整个婚姻。

浪漫主义凸显了虚情假意的危险，但如果我们试图始终保持外在生活与内在感受的一致，那么我们面对的危险同样也不会更少。它给我们的情感施加了沉重的负担，希望我们人生中的重大事项都能够得到情感的指引。我们是混乱的化学组合体，迫切需要在片刻理性的时刻能够坚守的基本原则。我们会发现自己的外部环境常常与我们的内在感受并不相符，这时我们应该心存感念，并且觉得受到了保护，因为这种情况显示出我们也许处于正确的轨道。

6.

作为制度的婚姻之所以受到人们的欢迎，其中一个原因是它可以日复一日地延续下去，而不需要太在乎夫妻中某一方的心理感受。相比需要不停地检测个人的情感状态以便相应调整其地位的系统，婚姻的这种漠视也许更能反映出个人的长期愿望。

婚姻恰好也适合孩子们的需求。婚姻令孩子们免于担忧父母吵架会带来什么后果：他们有信心认为自己的爸爸妈妈很相爱，足以解决双方存在的问题，即便他们每天都吵得很凶，就像孩子们自己在游乐场里的表现那样。

在一个受到公正评判的婚姻中，夫妇间也不应该为对方偶尔的不忠相互指责；相反，他们应该为双方大体上能够忠于这段婚姻而感到自豪。有太多人在开始一段关系的时候错将道德重心放在了错误的地方，自鸣得意地对出轨极尽嘲讽，认为这是一件令人作呕和不可思议的事情。但事实上，忠实地信守婚姻才是更加奇妙、更值得表彰的行为，只是我们通常都把它看作是理所当然的，并且认为这是常态不值得大肆宣扬。一对夫妻在婚姻的牢笼里相守一生，对外在的性诱惑无动于衷，这实在是文明和善性的奇迹，对此双方都应该心怀感激。

忠于婚姻的夫妻应该认识到他们为了爱情、为了孩子做出了太多的牺牲，他们应当为自己的勇气而自豪。禁欲是不正常的，也没什么快乐可言。忠诚应当被视为一项成就，并不断地因此获得褒奖——最好能够设置个忠诚奖，敲锣打鼓让大家都知道——而不是把它仅仅当作微不足道的正常状态，一旦遭到婚外情的破坏便激起伴侣的愤怒。忠于婚姻的夫妻应该始终清醒地意识到双方在抗拒在外拈花惹草所表现出的极大克制和宽容（就那一点来说，也包括对彼此残杀的克制）。一旦其中有一方出轨，另一方只需困惑地诧异，在经历如此多的逆境之后，双方竟然能够维持忠诚和平静如此之久，因此实在没有必要为此大动肝火。

Conclusion

第三章　结　语

1.

如果没有性冲动，人生也许会更美好，因为在我们人生大部分的时间里，性冲动似乎只会带来烦恼和压力。在性冲动之下，我们与自己并非真心喜欢的人做出令人作呕的事情，事后还会感到恶心和内疚。我们喜欢的人往往因为嫌我们丑或者嫌我们不是他们喜欢的类型而拒绝我们；而讨人喜欢的人却往往早就有了男朋友或女朋友；我们大部分的青春岁月都会遭遇没完没了的被拒，使得生活中充斥着伤感的音乐和劣质的色情出版物。等到终于有人出于怜悯而给我们一个机会，对我们来说就好像发生了奇迹一般。但就算如此，很快我们又会发现自己对别人的美腿或头发有了兴趣。如果没有对性的想入非非，我们可能会更加美好——像 7 岁的小男孩和小女孩那样美好，纯真甜蜜，对小猴小鹿的生活充满好奇。而随着我们年龄的增长，我们不得不面对各种可怕和难堪的情形——我们可能无力做爱；我们可能会色迷迷地盯着别人的手腕或脚踝，而对方在我们上大学时还不过是刚刚出生的婴儿；我们还不得不看着自己曾经鲜活和充满弹性的身体慢慢地老去。于是灾难性的一天来了，所有这一切似乎完全是为了击垮我们而存在。

2.

然而，性冲动当然也有另外的一面，它会带给人狂喜和发现。要想体验这种感觉，最好的时机也许是在某个大城市某个晴朗夏日的傍晚，大约六点半左右，这时大部分人都已经下班，马路上弥漫着柴油、咖啡、油炸食物、沥青路面和性爱的气味。身着西装、棉织花裙以及宽松牛仔装的人们熙熙攘攘地拥在人行道上。桥上的灯已经点亮，飞机也在天空盘旋；所有理性的人都急着往郊区的家里赶，他们想在孩子睡觉前赶回去，但是对于那些留下的人而言，这个夏夜注定是寻欢作乐的好时机。

性冲动促使我们从家庭和自我中摆脱出来。在性冲动的驱使下，我们走出自己惯常的生活圈，毫无戒心地与偶遇的陌生人相处。有些人平日里话不多，心底里认定自己和普通人有别，此时也走进酒吧和舞厅，或者紧张地踏上公寓的楼梯。他们在不熟悉的地方守候，在喧闹的音乐声中大声与别人说话，或者在客厅里一边与端庄的母亲聊天，一边看着房间里的各种装饰品和孩子们学校颁奖的照片，而就在楼上，这位母亲已经长大成年的女儿则在房间里换上新买的灰色性感内衣。

在性欲的驱使下，我们拓展自己的兴趣爱好，尝试改变自己评判事物的标准。为了跟自己的爱人合拍，我们开始对十八世纪的瑞士家具着迷，我们学会了骑单车旅行，我们接触到了韩国产的月光罐。为了满足性欲，一位长相粗犷但内心温柔的木匠会跟一个留着刘海的性感博士生坐在咖啡厅里，一面假装倾听她详细解释希腊语“幸福主义”的意义，一面任由自己的目光一寸寸地扫过她那近乎无瑕的肌肤，背景里则有一个人在烤着香肠。

如果没有性冲动，很多事情都不会存在。没有人会费心开珠宝店，没有人会去绣什么蕾丝，没有人非要用精美的银器盛放食物，也没有人非要把旅馆开在热带环礁湖的浮箱上。没有性冲动作为驱动力和组织原则，大部分经济活动便失去了意义。交易厅里疯狂的激情、邦德大街上迪奥店里贴满金箔的试衣间、现代艺术博物馆里的聚会、摩天大楼的观光楼层里日本餐厅供应的银鳕鱼——所有这些难道不就是为了让两个人最终躲进一间灯光昏暗的房间里做爱，伴随着外面的街道隐隐传来的警笛声吗?

唯有透过“性”这一面三棱镜，以往才可能得到正确的理解。我们对古罗马和明朝时的中国表面上看来的陌生感将不再那么强烈，因为不论彼此之间存在怎样的时空文化上的障碍，当时的人们同样都对红润的脸颊和圆润的脚踝无法自持。而在蒙特祖玛一世的墨西哥或者托勒密二世的埃及，与别人交合的感觉以及与对方肉体交叠的感受，与今天相比，一定也没什么不同。

如果没有性，我们会变得无懈可击，而这是相当危险的。我们可能相信自己一点也不可笑。我们不会那么深刻地领会到被拒绝与被羞辱。我们会体面地变老，会习惯于自己的特权，并且自认为对周遭的一切了如指掌。我们可能会淹没于数字和文字中。正是性冲动制造了这场必不可少的大混乱，它打破了日常生活中的特权、等级、金钱和智慧的层次高低。女教授可能会跪下来恳求从未受过教育的农民鞭打她，CEO会因为一名实习生而失去理智——虽然他坐拥百万资财而她还租住在地下室，但这并不妨碍他们的关系。他一心只想讨她的欢心。为了她，他会记住那些从未听说过的品牌名字，他会进商店买一件并不适合她的柠檬黄连衣裙，他会变得很和善，一改以往的傲慢，同样，他也会坦承自己的愚痴和脆弱的人性。最终，当这段感情结束，他会在自己的家门外，坐在他那辆豪华昂贵的德产轿车里，泪流满面，痛不欲生。

我们甚至可能欣然接受性冲动带给我们的痛苦，因为如果没有这种痛苦，我们就不会如此熟悉和理解艺术与音乐。舒伯特的民谣、娜塔丽·梅切特的专辑《奥菲莉娅》、伯格曼的电影《婚姻生活》、纳博科夫的小说《洛丽塔》都会因此失去意义。我们将不像现在那样了解痛苦，我们会变得更加残忍，不懂得自我解嘲。在我们用各种鄙视但又公正的词语来评判我们内心的性欲之后，我们却仍会对之加以颂扬，因为性欲时时刻刻在提醒我们，过着一种根植于肉体、充满化学反应、基本上缺乏理性的人生，这究竟是怎么回事。

延伸阅读

许多书籍、文章、电影和谈话都对本书提出的观点有所贡献。下面这些都是很有用的作品。

第一章　引言

对包括性在内的人性持悲观主义态度，在帕斯卡的《沉思录》、阿瑟·叔本华的《人生的智慧箴言》、约翰·格雷（John gray）的《稻草狗》(*Straw Dogs*) 中都有美妙的探究。这三位作者都认为不要把让别人高兴误以为就是向对方说一些令人高兴的话。他们认为，更好的做法是说一些极端或悲惨的事情，从而令对方改变预期，进而让对方对人生中的小小慈悲心存感激。

第二章　性的愉悦

关于我们的幻想，可以从南西·佛莱戴 (Nancy Friday) 的《我的秘密花园》(*My Secret Garden*)、雪儿·海蒂 (Shere Hite) 的《海蒂性学报告》(*The Hite Report*) 中得到更多收获。佛莱戴讨论乱伦、卖淫、强奸的章节更是写得引人入胜。

有关恋物癖的大量记载和详细分析见于理查德·冯·克拉夫特—埃宾 (Richard von Krafft-Ebing) 的《性心理疾病》(*Psychopathia Sexualis*) 与哈维洛克·埃利斯 (Havelock Ellis) 的《性心理研究》(*Studies in the Psychology of Sex*)。只是这两本书读起来都很枯燥。

戴维·佩雷特 (David Perrett) 的《在你脸上：人类魅力的新科学》(*In Your Face: The New Science of Human Attraction*) 从生物进化的角度对美和性的关系做了分析，是一本很好的入门书。肯尼斯·克拉克 (Kenneth Clark) 的《裸体》(*The Nude*) 探讨了美和欲望的主题，读起来令人印象深刻。对于安格尔来说，安德鲁·卡林顿·谢尔顿 (Andrew Carrington Shelton) 的专著《安格尔和他的批评者》(*Ingres and his Critics*) 是一本相当有用的参考书。

威廉·沃林格尔 (Wilhelm Worringer) 在《抽象与移情》(*Abstraction and Empathy*) 中提出了发人深省的关于艺术品位心理的理论。美的意义及其与品德、道德之间的联系在约翰·阿姆斯特朗 (John Armstrong) 的《美的秘秘力量》(*The Secret Power of Beauty*) 中也有所深入的探讨。

有史以来最好的有关恋物癖的电影是埃里克·侯麦 (Eric Rohmer) 的《克莱尔之膝》(*Legenou de Chaire*)。

在 www.natalieportman.com 这个网站中有更多关于娜塔丽·波特曼的信息，在 www.scarlettjohansson.org 上有更多关于斯嘉丽·约翰逊的信息。

意大利时尚品牌 Marni 生产了全世界最好的一些平底鞋。见 www.marni.com。

第三章　性的问题

《反思婚姻》(*Rethinking Marriage*) 这本集子探讨的主题之一是在一段长期婚姻关系中可能会遇到的各种性问题，编者是精神分析学家克里斯托弗·克卢洛 (Christopher Clulow)。弗洛伊德的许多观点也相当有趣，尤其体现在他的《性学三论》(*Three Essays on the Theory of Sexuality*)。

威廉·马斯特斯 (William Masters) 和维吉尼

亚·约翰逊（Virginia Johnson）的《人类性机能失调》(*Human Sexual Inadequacy*）读起来非常有趣，让人像是在读一部有关二十世纪美国的小说，只不过伪装成教人如何克服早泄、不举和阴道痉挛的指导手册。

夫妇若希望重振他们的关系，应当考虑到柏悦连锁酒店度个假：www.park.hyatt.com，可以想见的是，在这家酒店消费，所费不菲。

在《莫奈：现代艺术的发明家》(*Manet, inventeur dumoderne*) 中，斯蒂芬·盖甘 (Stéphane Guégan) 和约翰·李 (John Lee) 对莫奈及其芦笋创作有更多的探讨。

亨利·卡门（Henry Kamen）的《西班牙宗教裁判所》(*The Spanish Inquisition*）同样认为宗教审查制度有其合理性。塞西尔·拉博德（Cécile Laborde）在《批判性共和主义：面纱争议与政治哲学》(*Critical Republicanism: The Hijab Controversy and Political Philosophy*）中讨论了面纱的问题。

杰西卡·托德·哈珀 (Jessica Todd Harper) 的《内爆》(*Interior Exposure*) 中的一些图片展现了未来色情内容发展的动向。

托尼·唐纳 (Tony Tanner) 的经典研究著作《偷情与小说》(*Adultery and the Novel*) 中涵盖了婚姻和偷情的主题。古斯塔夫·福楼拜的《包法利夫人》、约翰·阿姆斯特朗的《爱的条件》(*Conditions of Love*) 均对此问题做了重要探索。对我来说，我没有改变我的第一本书《爱情笔记》(*Essays in Love*) 里的某些观点。

总的来说，整个关于爱情和婚姻的主题被英格玛·伯格曼 (Ingmar Bergman) 在他的电影《婚姻生活》(*Scenes from a Marriage*) 中完美地展现出来了，政府应该强制所有打算结婚的人事先都去看看这部影片。

第四章　结语

要体验汗水淋漓的性欲魅力，7 月下旬的曼哈顿是最佳去处。聆听娜塔丽·梅切特 (Natalie Merchant) 的专辑《奥菲莉娅》(*Ophelia*) 对于那些刚刚失恋的人来说是一个非常合适的选择。读一读叔本华的《人生的智慧箴言》也不赖。

Notes